思政教学与信息化教学融合实践

王凯敏 著

合肥工业大学出版社

图书在版编目(CIP)数据

思政教学与信息化教学融合实践/王凯敏著. --合肥:合肥工业
大学出版社,2024. -- ISBN 978 - 7 - 5650 - 6920 - 8

Ⅰ. G641

中国国家版本馆 CIP 数据核字第 2024VN0133 号

思政教学与信息化教学融合实践

王凯敏 著

责任编辑	王　丹	
出版发行	合肥工业大学出版社	
地　　址	(230009)合肥市屯溪路 193 号	
网　　址	press. hfut. edu. cn	
电　　话	基础与职业教育出版中心:0551 - 62903120	
	营销与储运管理中心:0551 - 62903198	
开　　本	710 毫米×1010 毫米　1/16	
印　　张	11. 5	
字　　数	124 千字	
版　　次	2024 年 11 月第 1 版	
印　　次	2024 年 11 月第 1 次印刷	
印　　刷	安徽联众印刷有限公司	
书　　号	ISBN 978 - 7 - 5650 - 6920 - 8	
定　　价	48. 00 元	

如果有影响阅读的印装质量问题,请联系出版社营销与储运管理中心调换。

总　序

超越优秀，成就名师

广东省这一轮中小学"百千万人才培养工程"初中文科名教师培养对象的系列专著陆续出版了。作为这个项目的主持人和导师，我想说几句话，权作这套书系的总序。

优质的教育需要优秀的教师，基础教育的高质量发展也需要教师的高质量发展。因此，培养和造就高质量的教师成为国家、教育行政部门和学校的重要任务，而成就卓越、实现专业的终极发展也应是教师自我的追求。

为贯彻落实中共中央、国务院关于全面深化新时代教师队伍建设的有关部署要求，进一步加强广东省中小学教师队伍建设，培养造就一大批教育家型教师、卓越教师和骨干教师，努力营造优秀教育人才脱颖而出的制度环境，2020年广东省实施了新一轮中小学"百千万人才培养工程"。

该工程以打造广东省中小学高层次人才队伍为目标，建立完善省、市、县三级分工负责、相互衔接的中小学教师人才培养体系，坚持系统设计、高端培养、模式创新、整体推进，注重发挥教育家型教师、卓越教师和骨干教师的示范引领作用，辐射带动中小学教师队伍整体素质的提升，为加快推进广东省教育现代化提供坚实的师资保障和人才支持。

该工程主要目标任务：到 2035 年，省级培养项目培养数以千计师德师风高尚、教育理念先进、理论知识扎实、教育教学能力强、管理水平高，具有国际视野、创新精神、较大社会影响力和知名度的教育家型教师；市级培养项目培养数以万计的卓越教师；县级培养项目培养数以十万计的骨干教师。

2021 年 7 月，广东省"百千万人才培养工程"初中文科名教师项目立项。经过多轮遴选，35 位来自全省各地市的初中文科教师成为名教师培养对象。他们都是 45 岁以下，具有高级职称，在教学和研究上都已取得一定成绩的优秀教师，基本上都有市级优秀荣誉，其中不乏全国和广东省优秀教师、特级教师。我有幸成为这个项目的主持人和导师组组长。我给培养对象定的目标就是通过三年培养，在三年或者再长一点的时间内，35 位教师都能成为教育家型的"粤派名师"。

对于这 35 位教师，我要致以诚挚的谢意和敬意。因为，他们都很优秀，都很年轻，都很努力。

当前中小学存在一种普遍现象，有的教师在获得优秀称号或 40 岁之前都有着较高的成就动机，比较明确的努力目标、奋斗方向，那就是要争取"优秀"，且都为成为"优秀"付出了艰辛和心血。但随着优秀称号或高级职称的获得，有的教师便产生"优秀（职称）到手万事休"的享乐心理，自认为在专业上已是"船到码头车到站""多年媳妇熬成婆"了，沾沾自喜于"优秀"和高级职称，故步自封，不自觉地失去成就动机，不思进取。年龄相对较大的优秀教师就有"人到中年万事休"的知天命心理，认为自己人生渐入或已入不惑之年，身体已不如壮年，且在新课改中和青年教师相比，很多方面都处于劣势，没有多大必要再像原先那样拼死拼活去追求新的发展目标。如此，他们消磨了斗志，失去了再发展的方向，不再一如既往地投身教师工作，只抱着"当一天和尚撞一天钟"的态度一味地吃老本、混日子、摆架子，甚至干脆逃避工作。

初中文科名教师项目中的 35 位培养对象，都摈弃了以上心理，他们已经功成名就，且上有老下有小，却没有"躺平"，没有"佛系"，也没有"固化"，而是继续在为自己的专业再发展，搞课改、做课题、出专著、提主张、带后进、帮薄弱，为使自己走得更远而努力。这怎能不让我感动而对他们感谢和致敬呢？

当然，也正因如此，我的责任和压力更大了。如何带领这 35 位优秀教师一起成长，最终使其成为教育家型的"粤派名师"，就成为我必须思考的问题和今后三年的重要工作任务。我虽倍感压力，但信心满满。

教师的专业发展受外部因素和内在因素的制约，是教师主体与周围环境相互积极作用，通过主体的各种实践活动而实现的。"人在社会中推进生命历程的时候，除了受到环境因素的影响之外，还要受到个人的能动性和自我选择的影响。"[①] 教

---

① 刘捷. 专业化：挑战 21 世纪的教师［M］. 北京：教育科学出版社，2002.

师需要更多的"内生性"成长，而非"外铄性"成长。教师专业发展既是社会身份的获得，又是教师专业内在价值的体验与获得。广东省中小学"百千万人才培养工程"给老师们提供了一个平台，创造了成长的机会和条件。但是，如果没有培养对象自我发展的意识和行动，仅靠工程来打造是不可能实现专业再发展的。因此，在这里，我想对 35 位培养对象提出几点希望。

首先，树立专业再发展的意识和成就名师的信心。

柯林斯说："因为优秀，所以难以卓越。"卓越之难，在于远超优秀的境界。各位名教师培养对象都是具有了一定成绩和成就的优秀青年教师，有的还具备了令人称羡的荣誉和名号，是教师在专业发展中的先行者。但是，从教师专业发展的角度来说，优秀只能是代表其以往专业生涯的成绩，而未来的专业之路并不因其拥有优秀称号就必然取得更大的成就。教师的工作是一个动态、复杂的专业领域，充满了未知和不可预测，不可能有现成的模式和套路因循，教师的专业活动永远处于变动、探索和创新之中。因此，教师的专业发展必然是个持续性和动态性的过程。布莱克曼对教师专业发展的定义：不论时代如何演变，不论是自发的还是受赞助的，教师始终都是持续的学习者，此种学习就是专业发展。

基于此，专业发展应贯穿每个教师的整个专业生涯，永无止境，优秀教师更应如此。优秀是对以往成绩的肯定，是现在立身的基础，更是未来发展的起点，优秀教师必须不断超越、臻于卓越。《国家中长期教育改革和发展规划纲要（2010—2020 年）》提出"鼓励教师和校长在实践中大胆探索，创新教育思想、教学模式和教育方法，形成教学特色和办学风格，造就一批教育家"。广东省中小学"百千万人才培养工程"的任务也是"培养教育家型教师"。教师专业发展的最终目标就是努力"成为教育家"，实际上就是在已有的优秀基础上再达到一种新的境界，即本着自身的禀赋、才具、特点与教育积淀，在创造性的实践与探索的过程中形成自己鲜明的专业个性、特质，显示独特的教育价值。李海林教授认为，教师要实现"二次发展"。实际上，教师应该坚持终身发展。所以，作为以往的优秀教师、名教师的培养对象应忘记以往的荣耀，站在新的台阶和起点上，迈步从头越，实现再次发展、终身发展，追求成名师、敢于成名师，朝既定的教育家型的"粤派名师"目标前进。

其次，基于已有的个性，建立自己的教学主张和教育范式。

很多老师为什么在专业上难以持续发展，在发展到某个阶段后就停止发展，有的老师在取得一定成绩后如昙花一现，陷入"一优秀就沉沦"的泥沼，其重要原因就是未找到自身的新的发展点。教师在"优秀"后必须有新的兴奋点、切入点，否则极易陷入目标低迷、激情不再、专业固化的困境。要突破这种困局，必须寻找从我们自身专业发展轨迹中延伸出来、向高处登攀的阶梯。教育是科学更是艺术，是一种创造性的活动。教师必须以创造和个性才能更好地完成这项活动，也只有创造和个性才能让教师感受到工作的幸福，从而不懈地努力追求更高的目标和境界。

优秀教师、名教师培养对象的个性特点在专业生涯中已逐步显现，这正是我们再发展的新的兴奋点、切入点。从此出发，在教育科学理念的引导下，在实践中不断磨砺、丰富、完善，形成并凸显教学特色，体现出有鲜明个性和独特教育价值的教学主张与教育范式①，这可以也应当成为我们专业再发展的生长点。拥有个性化和独具教育价值的教学主张和教育范式是优秀教师"教育自觉"的关键性标志，是其成熟成功的核心因素，是其产生和保持影响力的重要原因，是具有影响力的优秀教师与一般优秀教师的显著区别，也是优秀教师走向教育家的津渡。于漪建立了"人文教育"的主张和范式、李吉林建立了"情境教育"的主张和范式，李庾南建立了"自学·议论·引导"的主张和范式……一大批优秀教师，正是不断通过探索和建立自己的教学主张与教育范式，形成自己的鲜明的专业个性、特质，体现独特的教育价值，最终成为著名的教育专家或教育家，登上专业生涯的巅峰。

优秀教师一般已具备娴熟的教学技能、深厚的专业知识和丰富的教学经验，但若没有自己的教学主张和教育范式，也只是懂操作的高级技术员和规定的忠实执行者。当建立起自己的教学主张和范式之后，优秀教师就不仅能以其教学经验、教学特色影响教师，还能以其教学主张，即个性化的教育思想影响、改变教师。就其本人而言，也因教学主张及教学主张下的实践，使自己获得持续的影响力，并不断有新的进展和新的经

---

① 朱嘉耀. 走出一条名师培养的南通之路 [J]. 江苏教育研究，2011（8）：4-8.

验①。如此，就能从广度和深度上推进教学改革及教师的专业发展。这也是我为什么在项目实施中，把建立自己的教学主张和教育范式作为培养这35位教师的重要抓手的主要原因之一。

再次，自觉地读书、实践、反思、研究、写作。

建立教学主张与教育范式是优秀教师对自己教学实践进行高度理性解析与提升，形成思想成果的过程；建构操作体系，则是将思想物化，将技术经验梳理、搭建、完善，成为教学主张实施的途径、方式的过程②。如果将此作为优秀教师再发展的追求，那么如何实现呢？最基本的方式就是自觉地躬身于读书、实践、反思、研究、写作，舍此无任何终南捷径。读书是自我的充实，是与他人的专业对话，是为了有更好的理论指导实践；实践于教学，是教师工作的根本，是教师工作的出发处和归宿；反思是对教学实践以自我行为表现及其行为之依据的"异位"解析和修正，进而不断提高教师自身教育教学效能和素养的过程；研究是教师对教育教学，对自己生存、发展意义的不断地探寻、叩问和求证；写作是教师将默会知识向明言知识的转化，是提炼总结研究成果，是理性概括梳理思想……这几个环节周而复始、不断循环，其间每一步骤都可能是一个新的起点，但始终无终点。只要有一个环节被忽视和省略，优秀教师的发展都会固化、停滞不前。例如，教而优则仕，离开了教师的工作场——课堂实践，还能再发展吗？又如，教而不思、思而不研，则永远只能是一个优秀的"教书匠"。哪一位

---

① 成尚荣. 生活在规律中的主人：谈名师成长的方式 [J]. 人民教育, 2009 (9)：46-49.

② 同上。

教育专家、教育家没有自己的著述？古今中外，成为教育家的优秀教师无谁能舍弃这一路径，无谁能跳过其中的哪一环节。因此，优秀教师一是应信奉而坚持这一方式，并在自己的专业生活中努力践行，持之以恒；二是要把每一步骤都做到充分扎实，绝不走过场做花样；三是用研究、思考来串联整合整个循环，使每一环节都张扬着思想的力量。如此，优秀教师新的发展目标就有可能实现。因此，我们"百千万人才培养工程"名师培养对象，必须把"读书、实践、反思、研究、写作"作为自己接受培养期间，乃至终身发展的基本方式。我们要求老师们大量阅读、研究课题、发表论文、出版专著，出版本套培养对象系列专著，也正是基于这一点。

最后，保持正确的专业自我，葆有永久的信念和激情。

许多著名教育专家在总结自己一生的教学生涯时特别强调教育信念和激情在他们专业再发展中的价值和意义①。原联合国教科文组织国际教育规划研究所负责人库姆斯认为，"使教师成为优秀教师的，不是……而是教师对学生、自己、他们的目的、意图和教学任务所持的信念"②。而教育激情"可以产生一种推动性、激励性的力量"，"在某种意义上，激情确实是教学的关键"③。正确而合理的教育信念、自始至终的教育激情是教师顺利成长和完善教学实践的重要保证。雅斯贝尔斯强调，"教育须有信仰，没有信仰就不成其为教育"，"教育，不

---

① 柳斌. 中国著名特级教师教学思想录［M］. 南京：江苏教育出版社，1996.
② 库姆斯. 教育改革的新假设［M］//瞿葆奎. 教育学文集·国际教育展望. 北京：人民教育出版社，1993.
③ FRIED R L. The Passionate Teacher: A Practical Guide［M］. Boston, Mass: Beacon Press, 1995.

能没有虔敬之心，……缺少对'绝对'的热情，人就不能生存，或者人就活得不象一个人，一切就变得没有意义"①。

教师工作是一种基于信念的行为，这也就意味着信念和激情是教师专业发展的动力，这种发展是自发、真诚、内源性的发展，也是基于生命的灵动与热力高度自觉的发展，而非出于外在强制和纯粹基于个人私利，机械麻木与冷漠盲目的发展。无论是力辞官职、执着教坛的斯霞，还是不求闻达、但求学术的李吉林等名师，他们在成名后，也即优秀后并未就此止住前进的脚步，而是更加努力地跋涉，凭着信念和激情演绎自己的人生价值和理想，成为成功教师的典范。因此，教师在取得一定成绩，显示优秀的品质后，其专业自我应当在更高水平上提升，从而使其专业人格完整而和谐；应坚守信念永葆激情，认识到"优秀"只是检验自身发展的一个尺度，自己永远处于一种"未完成"的状态，永远是在专业发展的路上，从现实的种种束缚及身体和心灵的各种禁锢中解脱出来，不断反省自己的专业自我，从中发现内在的冲突，祛魅头顶优秀光环，克服自我惰性、自我满足和自我功利，实现自我突破，在不断协调冲突的过程中把生命提高到新的层次，以自身的智慧更新对世界的理解，从而发现新的发展可能性和追求新的成长目标。

因为优秀，所以要走得更远。教育家来自教师，尤其是优秀教师。当优秀教师能够克服"优后"专业固化难题，实现专业再发展，走得更远的时候，国家、社会和人们期待的"造就一批教育家"的目标也就指日可待了。这也是我对广东省中小

---

①　雅斯贝尔斯．什么是教育［M］．邹进，译．北京：生活·读书·新知三联书店，1991．

学"百千万人才培养工程"初中文科名教师培养项目的期待，对 35 位年轻而又优秀的初中教师的厚望。

我还要说的是，作为项目的主持人和导师组组长，我将在教育主管部门、省项目办和所在培养机构岭南师范学院的指导下，和导师团队及项目管理团队一起，坚持培养标准，强化专业引领，尽量做好服务，为老师们的成长扶一手、拉一把、送一程，让老师们走得更快、走得更稳、走得更远。

这就是在广东省中小学"百千万人才培养工程"初中文科名教师培养对象系列专著出版之际我想说的话，和诸位未来名师共勉。热烈祝贺广东省中小学"百千万人才培养工程"初中文科名教师培养对象系列专著的出版！热切期盼广东省中小学"百千万人才培养工程"初中文科名教师培养对象早成"粤派名师"！

李斌辉

2022 年 9 月 23 日于岭南师范学院

教坛耕耘，笔端流芳

——一位思政教师的教育探索之旅

在这个知识爆炸、信息飞速传递的时代，教育作为传承文明、启迪智慧的神圣事业，始终站在时代的前沿，引领着社会的进步与发展。而我，作为一名普通的思政教师，在这漫长的教育征途上，有幸与无数求知若渴的心灵相遇，共同经历了一段段关于成长、关于梦想、关于探索的旅程。如今，借由这本著作的诞生，我愿将那些在教育田野上耕耘的点滴感悟，化作一行行文字，与您分享。

一、初心：教育之梦，始于足下

我站在讲台上已经有 22 个年头了。回望来时路，成为一名教师，并非我最初的职业规划，却是我内心深处最真挚的呼唤。记得在学生时代，每当看到讲台上老师那激情洋溢、循循善诱的身影，我的心中便涌起一股莫名的向往。那时的我，或许还未能完全理解教育的深刻意义，但那份对知识的渴望、对智慧的追求，已经悄然在我心中种下了成为一名教师的种子。

随着年岁的增长，我逐渐意识到，教育不仅仅是传授知识的过程，更是塑造灵魂、启迪智慧的事业。它要求每一位教师不仅要具备扎实的专业素养，还要有高尚的师德情操、深邃的人文关怀和不懈的创新精神。正是这份认识，让我更加坚定了投身教育事业的决心，决心用自己的双手，去点亮孩子们心中的那盏明灯，引导他们走向更加宽广的未来。

二、实践：教海无涯，苦乐参半

教育之路，从来都不是一条坦途。当我真正站上讲台，面对那一双双充满好奇与期待的眼睛时，我才深刻体会到作为一名教师的责任与压力。如何激发学生的学习兴趣，如何培养学生的创新能力，如何帮助学生树立正确的价值观？这些问题，如同一块块巨石，压在我的心头，让我时常感到力不从心。然而，正是这些挑战，激起我不断探索、不断进步。我开始尝试各种教学方法，从传统的讲授式方法到现代的探究式、合作式学习，我努力寻找最适合学生的教学模式；我关注每一位学生的成长轨迹，用爱心和耐心去倾听他们的心声，帮助他们解决学习和生活中的困惑；我积极参与教育研究，不断反思自己的教学实践，努力提升自己的专业素养和教育智慧。

在这个过程中，我收获了无数的喜悦与感动。当看到学生们在知识的海洋中遨游，脸上洋溢着自信的笑容时；当听到他们分享自己的成长故事，感激地说出"老师，谢谢您"时；当看到他们在各类比赛中脱颖而出，展现出自己的才华与风采时……那一刻，所有的疲惫与艰辛都烟消云散，取而代之的是满满的成就感与幸福感。

三、思考：教育之根，在于心灵

随着教育实践的深入，我越来越深刻地认识到，教育的本质在于心灵的交流与碰撞。每一个孩子都是独一无二的个体，他们有着自己的思想、情感和价值观。作为思政教师，我们的任务不仅仅是传授知识，更重要的是走进他们的内心世界，了解他们的需求与困惑，引导他们形成积极向上的人生态度和正确的价值观念。

因此，我始终将"以人为本"作为自己的教育理念，努力营造一个温馨、和谐、包容的课堂氛围。然而在信息化迅猛发展的今天，教育领域亦面临前所未有的变革与挑战。思政教学，作为培养社会主义建设者和接班人的重要途径，其与时俱进、创新发展显得尤为关键。在教学实践中，我努力探索思政教学与信息化教学的深度融合，利用信息技术手段优化思政教学内容、方法和手段，提高教学效果和学生的学习兴趣，积极引导他们关注社会现实和人类命运，培养他们的社会责任感和使命感。同时，我也深知自己作为一名教师的局限性。在这个日新月异的时代，新知识、新技术层出不穷，我必须不断学习、不断充电，才能跟上时代的步伐，满足学生的需求。2021

年，我有幸被广东省教育厅遴选为广东省中小学"百千万人才培养工程"初中文科名教师培养对象，这让我有更好的机会提升自身的专业水平。在培养期间，我始终保持着谦虚、开放的心态，积极向同行学习、向书本学习、向实践学习，努力提升自己的教育能力和教育水平。

四、展望：教育之路，任重道远

当这本凝聚了自己多年心血与汗水的著作即将付梓时，我心中充满了感慨与期待。这本书不仅是我个人教育实践的总结与反思，更是我对未来教育发展的憧憬与展望。我深知，教育之路任重而道远，需要我们每一位教育工作者共同努力、不懈奋斗。

在未来的日子里，我将继续秉持"以人为本"的教育理念，不断探索思政教学与信息化教学深度融合的教学模式和方法；我将持续关注学生的全面发展与个性成长，努力培养具有创新精神和实践能力的高素质人才；我将积极参与教育改革与创新实践，为推动教育事业的进步与发展贡献自己的力量。

最后，我要感谢所有支持我、帮助我的人——我的导师、家人、同事、朋友以及我可爱的学生们。是你们的理解、鼓励与陪伴让我有勇气面对挑战、迎接未来。愿这本著作能够成为我们共同探索教育真谛、追求教育梦想的见证与启示。

王凯敏

2024 年 6 月

前　言

在今日之信息化浪潮席卷之下，教育领域亦面临前所未有的变革与挑战。思政教学，作为培养社会主义建设者和接班人的重要途径，其与时俱进、创新发展显得尤为关键。信息化教学，以其独特的优势，为思政教学注入了新的活力与可能性。本书旨在探讨思政教学与信息化教学的深度融合，以期为教育实践者提供新的思路与启示。

思政教学，承载着传承红色基因、弘扬社会主义核心价值观的重任。它不仅要传授学生知识，更要引导学生树立正确的世界观、人生观和价值观。然而，传统的思政教学方式往往显得单调乏味，难以激发学生的学习兴趣。信息化教学的兴起，为思政教学提供了新的机遇。通过多媒体、网络等信息技术手段，我们可以将思政内容以更加生动、形象的方式呈现出来，使学生能够更加深入地理解和接受。

本书从理论和实践两个层面，对思政教学与信息化教学的融合进行了深入探讨。在理论层面，笔者梳理了思政教学与信息化教学的基本理论，分析了二者融合的必要性与可行性。在实践层面，笔者结合具体的教学案例，探讨了如何利用信息技术手段优化思政教学内容、方法和手段，进而提高教学效果和学生的学习兴趣。

本书的特点在于注重实践性和可操作性。笔者不仅提供了大量的教学案例，还针对具体的教学问题提出了切实可行的解决方案。笔者希望读者能够从中获得启发，将思政教学与信息化教学的融合落到实处，为培养更多优秀的社会主义建设者和接班人贡献力量。

当然，思政教学与信息化教学的融合是一个复杂而长期的过程，需要我们不断探索和实践。本书只是针对这一领域的一个初步探讨，希望能引起更多人的关注和思考。笔者期待在未来的教育实践中，能够涌现出更多的创新成果和优秀案例，共同推动思政教学与信息化教学的深度融合与发展。

最后，笔者要感谢广东省新一轮中小学"百千万人才培养工程"初中文科名教师培养项目组主持人李斌辉教授、班主任林静老师和其他导师，正是你们对笔者的关爱和指导，才使本书得以顺利出版。同时，笔者也要感谢广大读者对本书的关注和支持，希望本书能够为您带来启发和帮助。

展望未来，我们相信随着信息技术的不断发展和应用，思政教学与信息化教学的融合将会越来越紧密。我们将继续致力于推动思政教育的创新与发展，为培养更多具有高尚品德和人文精神的社会主义建设者和接班人贡献自己的力量。同时，我们也期待更多的教育工作者和学者加入这一领域的研究和探索，共同推动思政教学与信息化教学的深度融合和创新发展。让我们携手共进，在思政教学与信息化教学的融合之路上不断探索、创新，为培养新时代的优秀青年贡献微薄力量。

王凯敏

2024 年 6 月 18 日

于揭阳市榕城区砲台镇石牌初级中学

目　录

第一章 绪 论

第一节 研究背景

一、思政教学在当前教育体系中的重要性

在当今多元化的社会背景下，教育体系不仅需要关注知识的传授，更要注重培养学生的道德品质、社会责任感、公民意识和家国情怀。思政教学作为教育体系的重要组成部分，承担着培养学生树立正确世界观、人生观和价值观的重要使命。思政教育在中国教育体系中占据核心地位，它的目标是深化学生对社会主义核心价值观的理解，提升学生的道德品质，并推动学生全面成长。中学阶段的教育在传授学科知识的同时，应加强思政教育，激发学生的爱国情怀，培养他们的社会责任感、思辨能力和审美情趣，促进学生树立正确的

世界观、人生观和价值观，从而更好地培养学生的综合能力和核心素养，促进学生的全面成长。因此，在不断变革的社会环境中，思政教学在当前教育体系中的重要性不言而喻，我们应该充分认识中学思政教学的重要性，加强其在教学体系中的地位和作用。特别是在当前社会，信息纷繁复杂，各种思想观点层出不穷，思政教学不仅能够帮助学生分辨是非，识别真伪，形成正确的价值判断和行为准则，更应顺应时代的持续创新和改革，以满足中学生的学习需求，为他们的成长和发展奠定坚实的基础，从而确保中学生在知识和道德上都得到全面的培养，为社会的繁荣和进步贡献力量。

二、信息化教学的发展趋势及影响

随着信息技术的迅猛发展，信息化教学已逐渐成为教育领域的一大主流趋势。信息化教学是指利用信息技术手段，通过多媒体、网络、移动设备等工具，实现教学资源的共享、教学过程的优化和教学效果的提升。近年来，随着信息技术的不断进步，信息化教学得到了越来越多的关注和重视，成为教育领域的重要发展趋势。在实践教学中，教师可利用先进的信息技术工具和数字化教育资源来开展教学活动。随着大数据、人工智能等技术的发展，数字化资源建设成为信息化教学的重要组成部分。通过建设数字化的教学资源库，教师可以方便地获取各种优质的教学资源，提高教学效率和质量。与此同时，信息化教学也打破了传统教学的时空局限，为教学活动带来了前所未有的灵活性和多样性，并且教师借助信息技术能够丰富教学内容和形式，有效提升了学生的学习热情与参与度，促进了教学效率及效果的提升。另外，信息技术在课堂教学中的应用改变了教师的教学理念，教师逐渐重视学生的主体地位，并积极开展多样化的教学方法，如启发式、探究式等教学模式，从而激发学生的学习兴趣和积极性。此外，在信息技术的支持下，教师能够实时收集和分析学生的学习数据，为个性化教学提供依据。通过对学生学习情况的深入了解，教师可以针对不同学生的需求进行分层教学，实现因材施教，能够更好地迎合不同学生的个性化学习需求，促进学生自主学习能力和创新精神的培养。

因此，信息化教学是教育领域的重要发展趋势，具有数字化资源建设、个性化教学、移动学习、智能化评估等发展趋势，它对教学模式、教学资源、教师角色和教育公平性等方面产生了积极影响。为了更好地推进信息化教学，我们需要加强数字化资源建设、推进个性化教学、加强教师培训、建立健全信息化教学的评估体系。

三、新课标对思政课程教学的要求

新的课程标准对思政课程的教学质量设定了更高的标准。新课标着重指出，思政课程的核心使命是落实立德树人，在实践教学中不应只停留在知识的灌输上，更应聚焦于学生能力的锻炼和全面素质的提升。新课标强调思政教学要紧密联系学生的实际生活，深入融入社会现象，并紧跟时代的步伐，从而使课程更具吸引力和感染力。为了实现这一目标，思政课程需要持续更新其教学内容和教学方式，及时引入社会热点和生动案例，以此激发学生的学习兴趣和积极参与的热情。新课标还强调思政课程的实践性和体验性，倡导通过实践活动和情感体验来加深学生对知识的理解和认知。这就要求思政课程在设计上应融入丰富多样的实践活动和情感体验环节，让学生在实践中获得真知，在体验中实现成长。随着时代的变迁和社会的进步，新课标对思政课程教学的要求也在不断地深化和发展。在这样的背景下，教师需要不断地更新自己的教学理念，创新教学方法，以满足新课标对思政课程教学的要求。现阶段，新课标更强调课程应该以学生为本，注重学生的全面发展。这就要求教师不仅要传授知识，更要注重培养学生的思维能力、创新能力、实践能力和情感态度。在教学过程中，教师要根据学生的实际情况，制订个性化的教学计划，注重启发式教学，引导学生主动思考、积极探究，激发他们的学习兴趣和动力。同时，教师要注重跨学科融合，特别是在当今社会，各个学科之间的交叉融合越来越普遍，思政课程也不例外。教师要注重与其他学科的融合，通过跨学科的教学方式，让学生更好地理解思政课程与其他学科之间的联系，拓展学生的知识视野和思维方式。在具体的实施过程中，教师也要注重学生的全面发展、实践性和应用性、跨学科融合，以及自身专业素养和教学能力的提升。只有这样，才能真正实现思政课程的教学目标，为学生的全面发展和社会的进步做出积极的贡献。

第二节 研究目的及意义

一、研究目的

随着信息技术的普及和发展，信息化教学成为教育领域的重要趋势。思政教育作为中学阶段教育的重要组成部分，也需要与信息化教学相结合，以适应当代学生的学习需求和社会发展的要求。思政教学与信息化教学融合实践的研究目的在于促进学科知识与思想道德教育的融合，引导学生独立思考、创新学习，培养学生的信息素养和思辨能力，以促进教学模式的创新和教学效果的提高，引导学生树立正确的人生观和价值观，推动中学生的全面发展和社会责任意识的培养。

（一）打破传统限制，拓展教学空间

信息化教学是指利用现代信息技术手段进行教学活动，包括利用计算机、互联网、多媒体等技术设备和资源进行教学。信息化教学的出现打破了传统的教学模式和限制，为教学活动提供了更加广阔的空间和可能性。而传统的思政教育往往受限于固定的授课时间、地点以及教材内容，这些约束在很大程度上阻碍了学生获取广泛和深入知识的可能性。然而，随着信息化教学方法的采纳与实施，这些固有的限制正在逐步被消除。

学生可以利用互联网接触多元化的学习资源，比如在线课程、电子书籍以及研究论文等，从而进行更为自主和深入的研究学习。这种教学模式的转变不仅极大地扩展了思政教育的边界，让学生能够随时随地展开学习，同时也让教学内容更加贴近学生的现实生活和当下社会的重要议题，进而提升了教学的针对性和实际效果。除此之外，信息化教学还为学生提供了更多的实践机会。例如，借助虚拟仿真技术，学生可以模拟参与各种社会实践活动，从而更加深入地理解和应用思政理论。这种创新的教学方式不仅丰富了学生的学习体验，还有效地提升了他们的实践技能和解决问题的能力。

因此，信息化教学不仅拓展了教学空间，打破了传统的时间和空间限制，还提高了教学效率、丰富了教学手段、提升了教学质量，推动了教育现代化进程。在信息化时代，教育界需要适应技术发展，积极推动信息化教学的发展，实现信息化教学与思政教学的有机融合，推动教育体制和教学方法的改革，实现教育资源共享，促进教育公平，推动教育事业不断进步。

（二）突显主体地位，实现个性化教学

信息化背景下的思政教学是指在现代信息技术支持下的思想政治教育过程，它利用互联网、大数据、人工智能等手段来提高教学效率和质量，同时也实现了个性化教学和学生的主动参与。而传统的思政教育则往往采用一刀切的教学方式，对所有学生传授相同的知识和方法，忽视了学生间的个体差异。但随着信息技术的不断发展，个性化教学开始在教育领域崭露头角。利用先进的大数据技术，教师现在能够更准确地洞悉每个学生的学习风格、兴趣所在和认知能力，为他们量身打造更具针对性和个性化的教学内容和策略。在信息化教学环境下，学生可以利用网络资源进行自主学习，根据自己的学习节奏和兴趣选择学习内容和方式，这种灵活性使得学生能够更加主动地参与到学习过程中。例如，智能推荐系统的出现，使得教师可以为学生推送符合其兴趣的学习资源，进而激发学生的学习热情。同时，教师还可以利用信息化工具收集和分析学生的学习数据，根据学生的学习进度和即时反馈，灵活地调整教学方法，设计符合学生需求的教学活动，以更好地满足不同学生的学习需求。在实现个性化教学的过程中，教师的角色也在发生变化，从传统的知识传授者转变为学习的引导者和学生个性化发展的促进者。这种个性化的教学方式不仅提升了学生在教学过程中的主体地位，实现了从被动学习到主动求知的转变，还有助于培养学生的独立思考能力和创新精神。

因此，在信息化大背景下，思政教学通过充分利用现代信息技术，不仅提升了教学的互动性和趣味性，而且实现了学生个性化学习和全面发展，展现了教育现代化的积极趋势。在坚守科技伦理的基础上，这样的教学模式有助于培养符合社会主义核心价值观的新时代人才。

（三）优化教学理念，促进专业发展

思政课程作为培养学生思想道德素质的重要途径，其教学理念和方法的创新尤为重要。信息化教学以其独特的优势，为思政教学理念的优化和教师专业发展提供了新的契机。信息化教学利用丰富的网络资源，为思政课程提供了更为广泛的教学内容，通过引入多元化的教学资源，如数字化教材、网络课程、在线视频等，使得思政课程的内容更加丰富多彩，形式更加生动多样，这种教学内容的拓展有助于激发学生的学习兴趣，提高教学效果。同时，信息化教学与思政教育的融合，使得教师的角色经历了重大转变，由单纯的知识传授者变为学生学习道路的引路人和支持者。在这一教育过程中，学生的主体性和个性化需求得到了更多关注和尊重，教师则致力于打造一个更富有自主性、合作性和探究性的学习环境，有助于打破传统思政教学中教师单向灌输的教学模式。通过在线讨论、实时问答、虚拟课堂等互动形式，教师可以更加深入地了解学生的学习需求和思想动态，从而调整教学策略，提高教学效果。然而，这种新型的教学模式也对教师提出了更高的要求，特别是在信息技术素养和能力方面。为了适应这些新变化，教师必须不断提升自己的专业素养和技能水平，包括掌握新的教学技术、汲取新的教育理念等。这既有助于教师的个人职业发展，也能显著提升其教学质量和研究深度。此外，在信息化教学的实践中，这种教学模式更有助于教师拓宽知识面，提高教学水平。教师也能够不断积累教学经验，反思教学效果，进而优化教学方法，为教学设计提供更多的灵感和思路，为自己的专业成长和职业发展奠定坚实的基础。

二、研究意义

（一）提高思政教学的吸引力和实效性

随着信息技术的快速发展，信息化教学已逐渐融入思政课

堂，为提高思政教学的吸引力和实效性注入了新的活力。思政
课程作为培养学生思想道德素质的重要途径，其教学质量直接
关系着学生的成长和发展。然而，传统思政教学方式往往存在
内容单一、形式刻板、互动不足等问题，导致学生兴趣不高、
参与度低，从而影响教学效果。信息化教学以其独特的优势，
为解决这些问题提供了新的思路和方法。信息化教学以多媒体
教学为基础，对传统教学模式进行了改革创新，提供了丰富的
教学资源，并将其应用到思政教学中，能够有效地提高思政教
学的吸引力和实效性。一方面，信息化教学可以将思想政治理
论知识、实践教学内容以图片、动画、视频等形式展现出来，
将抽象的理论知识转化为具体生动的画面和形象，使学生更加
直观地理解和掌握知识。丰富教学内容与形式、创新教学方法
与手段，能够激发学生的学习兴趣，提高他们的参与度。另一
方面，信息化教学能够为学生提供更加广阔的学习空间和时
间，教师可以利用网络平台进行在线辅导答疑、在线考试、在
线调查等多种形式的教学活动。教师与学生之间通过网络平台
进行互动交流，使学生充分发挥自己的主动性和创造性，能够
更加主动地学习知识。同时，信息化教学能够利用虚拟仿真技
术，模拟真实场景，让学生在实践中学习和运用思政知识。通
过参与实践活动，学生能够更深入地理解思政理论，提高解决
实际问题的能力，帮助学生更好地理解和掌握思政知识，提高
学生的学习效果。

（二）促进教育信息化进程中的创新实践

随着信息技术的普及和迅猛发展，教育信息化已成为教育

领域改革和创新的重要方向。思政教育与信息化教学的融合，不仅有助于提升教育教学的质量和效率，更能够推动教育信息化的进程，实现教育现代化。通过深度整合思政教育与信息化教学手段，推动教育信息化进程中的创新实践，不仅有助于提升思政教学的时代性和实效性，更能充分发挥信息技术在教育教学中的优势，实现教育资源的优化配置和高效利用。通过这种融合实践，可以进一步探索如何在信息化背景下创新思政教学的内容、方法和手段，从而培养出更多具备高度思想政治觉悟和信息素养的优秀人才，为社会的发展和进步提供坚实的支撑。同时，通过加强教师的信息素养和技术应用能力培训、积极探索和应用新技术手段、注重线上线下的结合等策略措施，可以推动思政教育与信息化教学的深度融合，提升教育教学的质量和效率。因此，信息技术与思政教学的融合对于推动教育信息化进程、提升思政教学质量、培养新时代人才具有重要的理论和实践价值。

（三）培养学生在信息化时代的思政素养

随着信息技术的快速发展，信息技术在教育中的应用越来越广泛，不仅能够提升教学效果，而且能够提高学生的学习兴趣。

一方面，教师要充分利用信息化教学平台，不断改进教学手段，不断提高思想政治教育教学质量。通过开展信息素养课程、网络道德教育活动、创新实践项目和社会实践活动等多种形式的思政教育实践活动，有效提升学生的思政素养。与此同时，要建立完善的思政教育评价体系，对学生的思政素养进行定期评估和反馈，确保思政教育效果的持续改进。

另一方面，教师要培养学生的信息素养，提升学生对信息化教学平台的使用能力，引导学生自觉学习网络信息技术和思想政治教育相关知识。通过加强信息辨识能力的培养、强化网络道德意识的教育、注重创新思维能力的培育，以及深化社会责任感的教育等策略，可以有效提升学生在信息化时代的思政素养。同时还要通过制定网络行为规范、开展网络道德教育活动等方式，引导学生树立正确的网络道德观念，遵守网络行为规范，自觉抵制不良信息和行为，进一步加强对学生网络安全意识的培养，提高他们的网络安全防范能力。此外，教师还要利用信息化教学平台设计课前、课中、课后三个环节，通过线上线下结合的方式，提升学生在信息化环境下的思政素养。例如，在疫情防控期间，教师可以利用线上平台组织学生进行同上一堂思政课、线上讨论等活动，引导学生正确认识疫情，有效培养学生在信息化时代的思政素养，深化对学生社会责任感的教育，培养他们的社会责任感和公民意识。

第三节 国内外研究现状

一、国内研究现状

随着信息技术的快速发展及应用，教育信息化逐渐成为教育领域的一大趋势，尤其是在思政教学中，信息化教学成为提升教学质量、增强学生学习兴趣和动力的有效手段。因此，国内学者、一线教师和相关专业学生对信息化教学与思政教学融合研究的重视程度不断提升。通过中国知网以"信息化教学与思政教学融合""中学思政教学中信息技术应用""思政信息化教学"为主题词进行检索，并获得1500多条结果，其中大部分以思政教学为研究对象，有关中学思政信息化教学的研究只有10多条。由此可见，当前关于信息化教学在中学思想政治课方面的研究还较少，缺少针对性。对收集的关于信息化教学与思政教学融合文献进行梳理，主要内容包括以下两个方面。

（一）"教育信息化"相关研究

我国对教育信息化的研究是从20世纪90年代开始的，经过长期研究，在教育信息化的内涵、特征及其对教学的影响方面获得一定的成果。祝智庭教授提出，以计算机、多媒体、网络通信为基础的现代信息技术在教育过程中的全面应用，可以推动教育教学实现全面改革，从而适应信息化时代对教育教学的新要求，这就是教育信息化。南国农教授认为教育信息化就是在课堂教学中充分应用现代信息技术，对教学过程进行优化，同时整合与开发信息化教学资源，以便培养学生的信息素养，从而推动教育现代化发展。这种理念的出现，不仅改变了传统的教育模式，也提供了新的教育教学方法。孔令菲指出，随着教育信息化2.0的推进，信息化教学与思政教学融合需要创新和智能引领，进而指出新时代教育信息化的使命与责任担当是构建现代化教育体系和建成"终身学习型"社会，为实现中国梦培养创新型人才。钟绍春和唐烨伟共同探讨了在人工智能时代如何推进教育信息化2.0，以及在这一过程中实现教育创新发展的方向、目标、实施策略和所遭遇的机遇与挑战。他们从解决技术支持在教与学过程中的瓶颈问题入手，设计了一套智慧支撑系统，以促进策略的有效实施。基于这一智慧系统，他们进一步规划了教学活动的详细实施方案，并构建了一个融合创新应用与本地化资源建设的工作体系模式。通过这些努力，他们清晰地阐述了推动教育创新发展的可行路径。

（二）信息化教学在思政教学中的应用研究

目前，教学与信息技术融合不够深入，使信息化教学依然存在发展不足的问题。通过对中学思政信息化教学研究的整理得知，丁钢以信息技术的学习认知以及环境可变性为核心问题进行研究，深入探究基础教育教学方式转变的必然性与重要性，从而提出具有可行性的全新教学路径。同时他指出，应通过多种方式提高教师信息化教学能力，并积极引导教师合理应用信息技术创新教学方法，以便提高课堂教学效果和质量。徐鹤嘉在《核心素养下初中道德与法治课信息化教学探索》中，揭示了在初中道德与法治课程中融入信息技术时需细心权衡的几个核心议题：首先，教师不应盲目迷信信息技术，而遗忘了传统教学方法的精髓；其次，教学内容与信息技术的结合不应只是浮于表面，而应致力于挖掘二者之间的深层次联系；再次，教师需要时刻保持对课堂实际需求的敏感度，确保信息技术的引入能切实助力学生的学习进程；最后，信息的展示与组合需注重效率与恰当性，防止信息冗余或无效信息的出现。这些问题实际上揭示了当前初中思想政治课程在信息化教学道路上所遭遇的难题和亟待突破的瓶颈。为攻克这些难题，教师需深入剖析其背后的多重因素，如教师的教学观念、信息技术的运用水平、学校的教学资源配置等，进而有针对性地构思出推动初中思想政治课程信息化教学迈向新高度的实用策略。这不仅能显著提升教学效果，更能为学生的核心素养与未来社会适应能力的培育打下坚实基础。

樊佳玥提出关于初中思想政治课智慧教学存在的一系列问题及相应的对策。主要问题包括：（1）信息技术利用不充分。在智慧教学实践中，有时会出现现代信息技术运用不够深入或不适宜的情况，这会对教学成效以及学生的学习热情产生不利影响。（2）教学资源未能有效整合。目前，对线上线下教学资源缺乏有效的融合手段，这导致教学内容显得单薄，缺乏应有的深度和广度。（3）师生互动受限。在智慧教学环境下，师生之间的互动可能会受到制约，缺乏即时、有效的沟通机制和反馈渠道。（4）学生学习投入不足。由于教学模式可能过于陈旧或创新不足，学生在课堂上往往表现出较低的参与度和学习兴趣。（5）评价体系有待完善。智慧教学呼唤与之匹配的评价体系，但当前的评价机制可能过于传统，难以全面、准确地反映学生的学习进度和能力提升情况。相应的对策包括：（1）加强信息技术的培训与实践。通过提高教师和学生的信息技术水平和信息素养，激励他们在教育教学过程中更积极地应用现代信息技术，实现教学方式的优化与改革，提高课堂教学效果。（2）建立多样化的教学资源库。将线上与线下的教学资源进行有效整合，打造一个内容丰富的教学资源库，以适应不同学生的个性化学习需求和兴趣点。（3）革新师生之间的交流方式。借助智能教学平台，尝试新的师生互动模式，如在线交流、小组合作等，旨在提升学生的参与度和归属感。（4）策划引人入胜的教学活动。根据初中生的学习喜好和认知能力，设计具有创新性和吸引力的教学活动，如角色扮演游戏、模拟情境练习等，以激发学生的学习兴趣。（5）优化智能教学的评估体系。建立与智能教学相匹配的评价标准，强调过程性评估和多元化评价，以便更全面、准确地反映学生的学习成效和能力提升。

在教育信息化背景下，学界对信息化教学的研究不断增加，然而许多研究是从宏观角度开展的，对初中思政信息化教学的研究较少。同时，这些研究只是将信息技术作为教学工具，未能实现信息化与教学、教师、学生的有效串联；往往侧重于探讨信息化教学的模式、策略和方法，而对于如何在实际教学过程中将这些理念付诸实践，以及如何评价这些实践成果的研究较为匮乏。因此，需要对信息化教学与思政教学的深度融合进行研究，推动思政教育的创新发展，提高教育质量和效果，为培养具有社会责任感和创新精神的新时代人才做出贡献。

二、国外研究现状

西方国家十分重视营造思想政治教育环境的教学方式，并持续进行思想政治观念的隐性渗透。为了更好突出隐性教育的效果，需要充分利用现代教育技术及科学的教学系统设计。譬如，美国对教育技术的应用与研究非常重视，尤其是在思政教育中充分运用现代教育技术，并开设了网络心理咨询服务、公民教育课程等实践活动，以便更好地发挥思政教育的作用。随着信息技术的不断发展，教育领域对信息技术的应用逐渐普及，特别是西方国家教育信息化程度较高，在各学科教学中充分应用现代教育技术，尤其关注思政教育中信息化教学的应用。他们通过大众传播媒介直接传播思政教育讯息，并借助舆论导向将思政课程的育人功能充分发挥，从而收获一些有价值的理论成果与实践教学经验。然而，西方国家在思政教育技术问题方面缺少系统性研究，甚至大多研究呈现"隐性"状态。

20世纪90年代以后，美国对课程与信息技术融合的研究逐渐增多。通过对相关文献研究与整合得知，2000年，美国教育技术首席执行总裁论坛的年度报告中提出，增加数字化内容整合范围是实现数字化学习的关键，并达到全课程整合及课堂教学的有效应用，同时还提出进行有效整合的具体步骤与方法，对信息技术与课程整合理论所面对的三大问题，如整合的目标、整合的内涵、整合的方法等均给出明确的回答。虽然效果不理想，但为以后学者探究信息技术与课程整合提供了很好的借鉴。2003年，罗布耶在《教育技术整合于教学》中详细阐述了三种主要的教育模式：第一，教师讲授的主导型模式。在这种模式中，教师作为知识的传授者，利用教育技术工具来支持和增强他们的讲授。这种模式注重教师的引导作用，以及学生通过听讲、观察和实践来获取知识。第二，建构型模式则是一种更为注重学生自主学习和探究的教学模式。在此模式下，学生将利用教育技术工具探索、发现、构建并分享知识，而教师则转变为引导者和促进者的角色，主要任务是帮助学生解决在自主学习过程中遇到的问题，引导他们进行讨论及提供必要的反馈。建构型模式在培养学生的创新思维和问题解决能力方面具有显著优势。第三，混合型模式是前两种模式的结合体。它既包含了教师主导型模式中的教师讲解和引导，又融入了建构型模式中的学生自主学习和探究。在混合型模式中，教育技术工具被广泛应用于支持教师的教学活动和学生的学习活动，同时也极大地促进了师生间的互动和交流。混合型模式的优点在于它可以根据具体的教学场景和学习目标进行灵活调整，使得教学方式更加多样化和实用。

2005 年，联合国教科文组织在《实现教育与技术一体化的教师成长区域性指南》中针对信息技术在教育教学中的融合情况进行了详细阐述，想要实现信息技术与教育教学的有效融合需要经过"起步""应用""融入"和"变革"四个阶段。第三阶段为具体融合阶段，教师需要掌握信息技术与思政教学融合的方法与时间，并结合学生特点、教学内容选择合理的信息技术应用于课程教学过程，促使信息技术与思政教学充分融合，将思政教学的价值全面体现出来。第四阶段需要教师重视对信息技术与思政教学融合的创新与改革，探索新的教育教学模式，以适应信息化时代的发展。在这个阶段，教师应不断反思和总结经验，以提高信息技术在思政教学中的应用效果。此外，教师还需关注学生的反馈，根据学生的学习需求和兴趣，调整教学策略，使信息技术更好地服务于思政教育。

美国教育部在 2015 年制订的教育技术计划受到众多教育领域学者与教育工作者的关注，其从学习、教学、领导力、评价、基础建设等方面提出了全新的实现与教育措施。例如，改变学习的重要工具为技术，突出教育技术的领导力作用，倡导培养学生终身学习能力，让学生形成良好的是非认知能力。同时，其强调利用先进技术为学生营造全方位的教与学的环境，为随时发生学习提供可能，以便学生可以处于正式或非正式的学习环境当中。此计划在信息化教学与思政教学融合实践的研究中发挥了重要作用。

通过对国外相关文献整理可知，国外在信息技术与思政教学融合方面取得了一定研究成果，但是，大多数思政教育以隐性渗透方式呈现，使得这些研究对思政教学的本质认知不全面。另外，有关信息技术与思政教学的深度融合研究比较少，即便提出了一些融合实践活动，但还存在一些不足，如过度强调信息技术的作用，忽视了信息技术与思政课教学在内容上的融合，以及两者融合的最终目标。

三、研究评述

通过对国内外众多有关信息化教学与思政教学融合的文献进行研究得知，思政教学与信息化教学的融合已经得到了广泛的关注。众多学者和教育工作者认识到了信息技术在推动思政教学改革和发展中的重要作用，并积极探索如何将现代信息技术应用于思政教学中。大多数研究人员对信息技术在思政教学中的辅助作用越发重视，并探索利用信息技术实现思政教学的改革，从而形成翻转课堂、慕课、微课和微格课等全新的思政教学模式。相关研究也提到了思政教学与信息化教学融合的实践案例和策略。例如，利用多媒体教学平台和网络教学资源，开展线上线下的混合式教学；利用大数据和人工智能技术，对学生的学习行为进行分析和预测，从而提供个性化的学习支持；利用虚拟现实和增强现实技术，创设沉浸式的思政学习环境等。另外，部分研究针对信息技术与思政教学融合进行深入分析，并提出许多融合教学方法，为今后的思政信息化教学发展奠定了基础。然而，众多研究缺乏从信息技术的特征与思政课的课程性质出发对两者之间内在联系的深入探究，两者的融合只是停留在表面的叠加。因此，如何促进两者的深度融合有待进一步深入挖掘，思政教学与信息化教学的融合是一个具有广阔前景和重要意义的研究领域。

第四节 相关理论

一、建构主义学习理论

建构主义学习理论认为知识并不完全是教师教授的，而且在一定的社会文化背景下或者学习情境下，学习者通过教师与同学的帮助，利用学习需要的所有资料，通过意义建构方式获得。因此，该理论把"情境""协作""会话""意义建构"作为学习环境中的四大要素。第一，随着信息技术的不断进步，教师现在能够创造出生动且形象化的学习环境。通过将难以理解的抽象知识与实际情境紧密结合，教师可以帮助学生更深入地领会和掌握这些知识，从而使学生能够有效地构建和巩固自己的知识体系。第二，借助信息技术营造良好的协作学习环境，为学生合作学习与探讨问题提供充足的教学资源。利用网络平台和在线工具，学生得以突破时间和空间的限制，与同伴即时沟通和合作。这样的协作学习环境对学生的团队合作技能、沟通技巧的培养大有裨益，同时也推动了知识的共享与创新。此外，在建构主义学习理论中，会话占据着举足轻重的地位。学习者通过与他人的交流、讨论及观点分享，可以不断调整和完善自身的认知。而现代信息技术的发展则为会话提供了多元化的途径与形式，如在线讨论区、视频会议等，这些都极大地丰富了学习者的讨论和互动体验。第三，通过创新教学模式，从而促进学生的意义建构。例如，项目式学习、翻转课堂等教学模式鼓励学生主动探究和解决问题，从而培养他们的批判性思维和创新能力。所以，建构主义学习理论是实现"深度融合"的重要理论依据。

二、多元智能理论

多元智能理论由美国心理学家霍华德·加德纳于1983年提出。该理论揭示了人类智能的多元性质和结构，突破了传统对智能的单一理解，认为每个人的思维方式和认知能力都是多元化的。根据多元智能理论，每个人都具备多种智能，如语言、数理逻辑、音乐、空间、身体运动、人际交往及自我认知等。这些智能在不同个体中呈现出不同的发展层次和组合模式，从而塑造了每个人独特的智力风貌。更重要的是，多元智能理论强调智能的可塑性，即通过系统的教育和训练，各种智能都能得到显著的提升。在教育实践中，多元智能理论引导教师重新思考课程设置、教学方法和评价机制。为了充分发展学生的多元智能，学校应提供丰富多样的课程选择，以满足不同学生的个性化需求。同时，教师也应采用灵活多变的教学方法，以适应不同学生的智能类型和学习习惯。在评价方面，教师同样需要多样化的评估方式，以全面反映学生在各个智能领域的发展状况。

三、行为主义学习理论

行为主义学习理论认为行为是后天获得的，而学习的实质是通过尝试与错误形成刺激与反应之间联结的过程。早期的行为主义倡导实证主义哲学和新实在论，以行为代替意识，无视有机体的内部过程，具有一定的局限。后来，托尔曼等人改造并发展了早期的行为主义，提出刺激与行为反应中间存在诸如个体生理、心理状态等中间变量，而学习是有机体在某种情境中由于反应的结果得到强化而形成的情境与行为的联系，提供适当的强化是促进学习成功的重要因素。行为主义学习理论认为，学习就是通过强化建立刺激与反应之间的联结的链，只要控制外部刺激就能控制和预测个体行为，从而就能控制和预测个体的学习效果。教师可以在教学中将复杂学科知识（行为）分解成学生容易学习和掌握的小步骤，然后再分步，不断进行反馈、强化。在教育信息化背景下，学生在信息技术的帮助下，从多种渠道寻找信息，对各种资料进行分析、归纳、整理、提炼并从中发现有价值的信息，进行个别化和协作式相结合的学习，并利用信息技术完成学习任务。

四、认知主义学习理论

认知主义学习理论是由格式塔心理学派提出的。这一学派认为学习是人们通过感觉、知觉得到的，是由人脑主体的主观组织作用而实现的，并提出学习是依靠顿悟，而不是依靠尝试与错误来实现的观点。认知主义学习理论强调学习者通过认知过程，把各种资料加以储存及组织，从而形成知识结构；还认为，学习不是在外部环境的支配下，被动地形成刺激与反应联结的过程，而是获得知识，形成认知结构的过程。根据认知主义学习理论，将信息技术引入课堂教学，有利于教师根据学生已有的心理结构，设置恰当的问题情境，引起学生的认知不平衡，激发学生的认知需要，促使学生利用信息技术和网络开展积极主动的同化和顺应活动，将新知识纳入自己的认知结构。

第二章　信息技术与思政教学深度融合的必要性及可行性

第一节　信息技术与思政教学深度融合的必要性

一、国家高度重视信息技术与教育教学的融合

随着信息技术的飞速发展，其对教育教学的影响日益显著。信息技术不仅改变了传统的教学方式，还为教育带来了前所未有的机遇与挑战。国家高度重视信息技术与教育教学的融合，通过一系列政策文件和实践措施，推动我国教育信息化水平不断提高，为培养新时代所需的高素质人才奠定了坚实基础。

特别是在信息时代大背景下，教育教学深受信息技术的影响，推动课程教学与信息技术的关系越发密切，对此，我国教

育部致力于以教育信息化发展带动教育的现代化发展。近年来，教育部出台了许多有关教育信息化发展的政策，不仅能够推动信息化教学在实践中落实，而且对信息化教学加以规范，以更好促进教育的信息化发展。2012年，教育部颁布的《教育信息化十年发展规划（2011—2020年）》清晰地勾勒出了教育信息化的发展蓝图，并强调了以教育信息化为引擎，推动教育现代化进程的策略方向。该政策大力倡导在教学实践中广泛采纳信息技术，以促进教学模式的革新，进而提升教育的整体成效。对于初中阶段的思想政治教育而言，与信息技术的巧妙结合不仅能够为教学方法注入新的活力，更能有效地点燃学生的学习热情，加强师生间的课堂互动，从而有力地推动教学目标的实现。2016年，教育部颁布了《教育信息化"十三五"规划》，该规划进一步凸显了信息技术在教育教学领域的关键作用，并提出了构建一个融合网络、数字化资源、个性化学习及终身教育理念的全新教育体系。在这一框架下，初中思想政治教育应当深入整合信息技术工具，超越传统课堂的时间与空间束缚，为学生提供更为丰富多元且适应性强的学习路径。此外，信息技术的运用还能够助力教师更精准地掌握学生的学习动态，进而提供更有针对性的个性化教学支持。2019年，中共中央和国务院联合发布了《中国教育现代化2035》，为教育现代化绘制了壮阔的发展蓝图，其中特别强调了要加速推动信息化时代下的教育创新。对于初中的思想政治教育课程来说，这一政策导向意味着必须主动融合信息技术，寻求与新时代相适应的教学路径和手段。借助信息技术的力量，初中的思政课能够更精准地对接学生的真实需求，进而提升教学的指向性和实际效果。信息技术与思政教学的深度融合，可以通过数字化、网络化等手段，将丰富的教学资源呈现给学生，使教学内容更加生动、形象、直观。同时，信息技术的应用还可以促进师生之间的互动交流，激发学生的学习兴趣和积极性，从而提高思政教学的质量。由此可见，国家高度重视和支持信息技术与思政教学的深度融合。这种融合不仅能提高学习效果，激发学生的学习兴趣和主动性，还有助于培养学生的信息素养和创新能力，为国家培养更多更好的人才奠定基础。因此，思政课教师应积极探索信息化与思政教学深度融合的途径，更新教学方法和教学形式，为学生提供更优质的教育服务。信息技术与思政教学深度融合是提升思政教学质量、推动教育信息化发展及培养学生信息素养和创新能力的必要手段。

二、思政教学信息化是教学改革的必然趋势

在信息化时代，信息技术已经渗透到社会的各个领域，对教育教学产生了深远的影响。思政教学作为义务教育的重要组成部分，其信息化改革对于提升思政教学质量和培养学生综合素质具有重要作用。

现如今，人类社会逐渐从传统工业时代迈向信息时代，信息技术逐渐渗透进各个领域，正不同程度地改变着人们的生活、思维及学习方式。在信息时代背景下，信息与知识成为社会的基本资源。教育信息化提倡教育领域对信息技术的广泛应用，以此推动教育改革，促进教育现代化的快速发展。为此，社会中所有公民都应具备获取、分析、利用信息与知识的能

力，这使信息化教学成为当今教育领域的发展趋势。思政教学作为教育领域的重要组成部分，其集授知、立德、树人于一体，帮助学生形成正确的价值观、人生观、世界观及思想品格。所以，在信息化教学背景下，思政教学应顺应时代发展，主动连接信息技术的发展，构建全新教学模式。一方面，充分利用信息技术手段，将传统的课堂教学与在线教学相结合，实现教学资源的共享和优化配置。另一方面，通过多媒体教学、网络教学等形式，更加生动形象地展示教学内容，激发学生的学习兴趣和积极性。此外，信息化手段还能够提高教学效率，减少重复劳动，使教师有更多的时间和精力投入教学研究和创新中。

随着信息技术的飞速发展，思政课程教学出现了向数字化转型的必然趋势。信息的爆炸性增长和不断更迭对传统教育模式提出了新的挑战。互联网和先进科技的快速进步极大地拓宽了知识获取的渠道，使得人们对新知识和信息的吸纳变得更加便捷和高效，从而推动了知识体系的迅速更新和拓展。在教育领域，大量优质的教学材料和课程资源不断涌现和更新，不仅深刻地改变了人们对思政课程的传统看法，还对教师的教学方式和学生的学习方法产生了深远的影响。面对这一变革，传统教育模式必须进行相应的调整和创新，以适应新时代的挑战。

在信息时代，教育已经逐渐摒弃了陈旧的观念和方法，开始遵循教育的基本规律并寻求创新。这种创新不仅打破了传统的教育思想，还彻底改变了教育模式，推动了师生共同参与的教学过程的构建。然而，遗憾的是，许多思政课程仍然沿用"黑板+粉笔"的传统教学方式，教师仅仅通过讲述和灌输的方式将课本知识传递给学生。在这种教学模式下，教师往往占据主导地位，而学生则处于被动接受的状态，师生之间缺乏必要的合作与交流，更谈不上共同探究和课堂互动了。这种状况显然与现代教育的理念相悖。如今，各个行业均积极应用信息技术，尤其是教育领域积极进行信息化建设，这使传统教学模式不再符合学生的学习需求，影响了学生自主探究知识的积极性。因此，思政教学需要根据信息化教学要求，以传统教学模式为基础，不断融入信息技术，扩展教学资源获取渠道，实现思政教学资源多元化，加快思政教学知识体系的更新速度，以便学生依据自身学习需求迅速获取学习资源，与教师所授内容默契配合，从而激发学生学习的兴趣，提高学生学习的自主性。现代教育注重学教并重，只有利用信息技术对传统教学模式进行改变与创新，让学生积极参与到课堂教学过程中，才能提高思政教学效果。

三、信息技术与思政教学深度融合的意义

在信息化时代，信息技术对教育教学产生了深刻的影响，思政教学与信息技术的深度融合对于提升教学质量、创新教学模式具有重要意义。事实上，教育领域的任何一次重大变革，都离不开信息技术的推动与支撑。信息技术不仅颠覆了传统的教学方式，更催生出全新的教育理念和模式。思政教学是传播社会主义核心价值观等主流意识形态的重要阵地，肩负着培养学生形成正确思想观念，落实"立德树人"根本任务的重任。因此，对于教育工作者而言，将信息化教学与思政教学紧密结

合，可以突破传统教学模式的约束，形成创新性的教学模式；对学生而言，信息化教学与思政教学的融合不仅符合他们个性化、多样化的学习需求，更能激发他们对思政内容学习的兴趣。因此，在信息化、数字化的新时代，学校要重视信息化教学与思政教学的融合发展，提高思政教学的效果，为培养更多有理想、有道德、有文化、有纪律的新时代青年提供强有力的支持和保障。信息技术与思政教学深度融合还有助于培养学生的综合素质。通过信息技术手段，学生可以接触到更加广泛、深入的知识和信息，拓宽视野，增强综合素质。同时，信息技术还可以帮助学生提高信息素养和信息技术应用能力，为将来走向社会打下坚实的基础。

（一）促进思政教学模式与时俱进

在传统的教学模式中，教师是知识的"垄断者"，学生只能跟随教师思路被动接受知识。随着信息化教学的推广与落实，许多学校在思政教学中积极应用信息技术，但是部分教师在教学实践中简单地将教学内容利用信息平台进行重复展示，并没有做到思政教学与信息化教学的深度融合，难以提升思政教学质量。中学思政教学想要深度融合信息化教学，需要改变以往单一灌输式的教学方式，深入探索如何更好地实现"互联网+思政课"的教学模式，通过多元化的思政信息化教学活动调动学生自主探究学习的积极性，突出学生学习的主体性，有利于思政教学的实效性的提升。思政课程的核心在于弘扬社会主义核心价值观等社会主流思想，为学生塑造健康的人生与价值观提供指引。现代信息技术的融入，极大地促进了社会主流思想的广泛传播。教师利用专业的录制和课程编辑软件，将传统的课堂教学转化为高质量的网络教学资源，供学生在课前自主学习，从而提前发现并理解知识中的难点和误区。在实际的课堂教学环境中，教师的角色转变为组织者和指导者，他们的工作重心变为解答学生的疑问和困惑。这样的转变，使得课堂从单纯的"讲授场所"变为"实践与互动的场所"，学生也从被动的听众变为主动的参与者，真正成为课堂的主角。这样的教学模式不仅确保了教师在价值观引导上的核心作用，还极大地调动了学生自主学习的积极性和兴趣。这种新颖的课程模式，以信息技术为支撑，以教师的悉心指导为助推，彻底打破了传统教学中教师主导的模式，构建了一个以学生为本、注重学生主体参与的新教学模式。这样的转变不仅增强了学生对课程的深度钻研与热爱，也为他们今后的学术旅程与人生发展铺设了坚实的基石。

（二）符合学生个性化发展的需求

思政教学具有明显的意识形态性质，只有思政理论知识实现向社会主义核心价值观等主流意识形态的转换，才能落实"立德树人"的根本任务。此过程是学生从被动接受知识转变为主动内化知识，并形成内在信仰的过程，它要求教师在教学期间应掌握学生的学习特点，并满足学生的个性化发展需求。信息时代背景下，学生对信息的需求量、捕捉量、接受量比较庞大，且面对新信息及新颖领域表现出极大的好奇心，这使学生的个性化发展需求符合信息技术传播方式，促进思政教学与信息化教学的融合产生新思路。在思政教学中融入信息化教学手段，突破了传统课堂教学的时间与空间的限制，学生在课堂学习中可以使用各种网络渠道收集与教学内容相关的信息；而在课余时间学生可以通过网络获取时政新闻、言论观点和深度评论，使自己的视野得到拓宽，思维得到启发。基于此，教师可以清晰地掌握学生的学习特征，然后借助信息技术工具，获取更多与其教学专长相匹配、同时满足学生需求的教学资源，以确保向学生提供足够的信息量。另外，教师还可以利用信息技术创设多样化的教学方式，从而营造生动的思政教学环境。在精心挑选教学资源的基础上，教师应致力于构建一个卓越的教学平台，摒弃枯燥乏味的填鸭式教学，转而采纳那些能够吸引学生注意力、深受学生喜爱的教学手法。这样一来，不仅能从根本上激发学生对思政课程理论知识的浓厚兴趣，还能有效推动他们深刻领会所学内容并转化为实际行动。

（三）整合教学资源提升教学质量和效率

通过运用信息技术有效地整合教学资源，将信息化教学融合于思政教学过程，从而营造一种新型的教学环境，实现一种既能发挥教师主导作用又能充分体现学生主体地位的以"自主、探究、合作"为特征的教与学方式，把学生的主动性、积极性、创造性充分地发挥出来，使传统的以教师为中心的课堂教学结构发生根本性变革，让对学生的创造精神与实践能力的培养真正落到实处。同时，信息技术能够加强对教学资源的整合和优化，通过建立共享的教学资源库，实现教学资源的优化配置和共享利用，减少重复劳动，未来还应积极引进和开发优质的教学资源，有效地提升教学质量和效率。此外，通过信息技术手段，教师可以更加生动、形象地展示教学内容，激发学生的学习兴趣和积极性，还可以实时获取学生的学习情况，及时调整教学策略，提高教学效果。

第二节　信息技术与思政教学深度
融合的可能性

信息技术与思政教学深度融合的可能性，无疑是当今教育领域的一大热点话题。随着信息技术的迅猛发展，其在教学领域的应用也愈发广泛，为思政教学带来了前所未有的机遇与挑战。一方面，信息技术的运用为思政教学提供了丰富的教学资源和教学手段。通过多媒体、网络等信息技术手段，我们可以将抽象的思政理论知识以更生动、直观的方式呈现给学生，提高学生的学习兴趣和积极性。同时，信息技术还可以实现远程教学、在线互动等功能，打破传统课堂的时空限制，让思政教学更加灵活多样。另一方面，思政教学也需要与时俱进，不断适应信息化社会的发展需求。通过将信息技术与思政教学深度融合，更好地培养学生的信息素养和创新能力，引导学生正确看待和使用信息技术，避免被不良信息所误导。同时，信息技术还可以帮助我们更好地了解学生的思想动态和反馈意见，及时调整教学策略，提高教学效果，推动思政教学的创新与发展。

一、信息技术手段与思政教学目标相辅相成

在信息化、数字化的时代，信息技术手段的应用在各个领域都显得尤为重要。在教育领域，特别是思政教学中，信息技术手段的引入和融合，不仅为教学方式带来了革新，更与思政教学目标相辅相成，共同推动着教学质量的提升。随着信息技术飞速发展，信息化教学形式逐渐丰富，新型的教学模式与学习模式层出不穷，如网络教学、移动课堂、在线学习等，促使思政教学模式、师生互动形式、评价机制等产生极大的变化，不断加深思政教学的信息化程度。在信息化教学与思政教学融合过程中，作为课堂教学手段的信息技术与教学目标相辅相成，共同推动思政教学迈向更高境界。为此，需要深入探讨信息化教学在思政课程中的优势与应用策略，以便提高思政教学质量。

（一）信息技术为思政教学提供有效手段

根据目标和手段之间的辩证关系可以了解到，面对不断发展的事物，人们的目标会结合需求不断改变，同时也会依据新目标主动探索全新的手段，所以，手段和目标相互制约，也相互促进。对于教学手段与教学目标来讲，同样存在相辅相成的关系，想要实现教学目标需要使用相应的教学手段，所以，教学手段服务于教学目标。指导学生形成正确观念、规范学生道德品格及行为是思政教学的教学目标和价值取向。思政课程的核心在于指导学生运用马克思主义基本原理、科学社会主义的

框架及中国特色社会主义的理论体系，去洞察、剖析并应对各种现实问题。思政课的展开必须始终坚守这一教育目标，事实上，这一目标的实现与否，直接决定了思政课的教学效果如何。因此，在引入任何信息化教学工具或方法时，都必须确保它们服务于思政课的教学目标，任何偏离这一目标或可能削弱教学效果的手段，都应当避免使用。目前，教育领域在不断普及信息化教学方式，利用多种信息技术来提高思政教学效果，以便推动思政教学目标的实现。

因此，在信息化教学与思政教学融合过程中，教师应准确把握信息技术与教学目标的关系，保证信息技术教学资源的渗透及信息化教学方法的使用，均要以思政教学目标为导向。信息技术手段为思政教学提供了丰富多样的教学资源，思政课程则可以通过网络、多媒体等渠道，获取大量的教学资源，如历史影像、时事新闻、专家讲座等。这些资源不仅丰富了教学内容，也拓宽了学生的视野，使他们能够更全面地了解社会、历史和现实，从而更好地达成教学目标。在这个过程中，教师也要充分挖掘信息化教学资源的政治教育价值，将其与思政教学内容有机结合，为培养学生树立正确的价值观和世界观服务。

（二）信息化教学促进教学目标的实现

在当今"大思政"的教育背景下，信息化教学以其独特的优势，正在逐渐成为推动思政教学目标实现的重要力量。信息化教学不仅改变了传统的教学方式，更为思政教学注入了新的活力，促进了教学目标的全面实现。"大思政"教育理念强调，在构建"大思政"格局的过程中，要充分利用好信息技术手段，促使思政教学目标的实现与信息技术手段的使用存在一定的相关性。一方面，在信息技术日益成熟并广泛应用的背景下，思政课教师应当积极思考如何将信息技术手段与思政教学目标有机融合起来。只有将两者有机融合起来，才能为提高思政教学实效奠定良好基础。另一方面，学校应根据思政教学目标对信息技术手段进行合理地选择与运用，积极探索有效地利用信息技术手段提升思政教学实效的路径。

总之，在"大思政"背景下，信息化教学以其独特的优势，促进了思政教学目标的全面实现。在"大思政"教育理念下，中学思政课教师应结合信息化教学手段的优势与特点，积极探索有效利用信息技术手段与思政教学目标有机融合的路径。对于中学而言，在信息化背景下开展"大思政"教育是一个必然选择。如何有效地将信息技术手段应用到"大思政"教育中去，让信息技术手段为思政课教学赋能是一个重要的课题。中学在开展"大思政"教育过程中应高度重视将信息技术手段有效地运用到"大思政"教育中去。只有这样才能在推进"大思政"教育工作的过程中实现思政教学和信息技术的有效融合，不断创新教学方式和方法，以更好地满足思政教学的需求，培养出更多具有高尚品德和强烈社会责任感的优秀人才。

（三）思政课的批判性和引导性决定要合理运用信息技术手段

在信息化时代，学生要成为信息社会的主人。在思政教学过程中，如果以教师为主体的传统教学模式存在不适应新时代背景、不符合学生的特点等问题，就会影响教学效果。因此，教师要坚持以学生为本的教育理念，根据思政课的特点和实际情况合理运用信息技术手段，发挥其在激发学生学习兴趣、引导学生思考和解决问题等方面的优势。当前，大部分学校的思政课教师不仅具有较强的专业理论素养和实践能力，同时也具有较强的人文情怀。在思政教学过程中，教师充分发挥了自身专业优势，根据思政教学内容和学生实际情况，从不同角度切入，深入浅出地讲解课程内容。比方说，教师可以结合自己对当前国内国际形势、国家战略等方面的关注和思考，深入浅出地讲清中国特色社会主义的制度优势、理论优势、实践优势、文化优势等。通过这些讲解，帮助学生更好地理解课程内容、理解国家政策，提升学生对思政课学习的兴趣和热情。另外，一些教师会利用实际案例和热点事件，生动形象地阐述思政课的核心观点，让学生在感悟时代发展的同时，深入理解思政课的重要性。在教学过程中，教师将会合理运用现代教育技术手段，如网络、多媒体等，丰富教学形式，提高教学效果。同时，信息化教学有助于提升思政教学的互动性和参与性。在信息化教学的支持下，教师可以通过网络平台、在线工具等与学生进行实时互动，引导学生积极参与课堂讨论，发表自己的观点和看法。这种互动式的教学方式能够激发学生的学习兴趣，提高他们的思辨能力和创新思维，从而更好地实现思政教学的终极目标。

二、信息化教学形式与思政教学内容相适应

在人类实践活动中，技术是不可缺少的，它深深植根于人类的生存方式之中，成为连接人类与自然的坚实纽带。无论是

信息技术还是教育，它们的发展都紧密地迎合了社会的需求。值得一提的是，信息技术在教育中的应用，不仅推动了教育的革新，更在某种程度上反映了社会对技术与教育融合的迫切需求。经过技术与教学的融合及不断改进，信息化教学产生了新形态。按照马克思主义理论中五大范畴的阐述，形式与内容之间存在着紧密的相互依赖关系。形式不仅为内容提供支撑和服务，同时也推动自身不断演进；而内容则需要适应并超越现有的形式，以展现其内在的价值。这种互动关系要求教师必须不断创新教学形式，突破传统束缚，以更加先进和高效的方式来传递知识。只有这样，才能确保教学形式能够更好地服务于教学内容，实现教育质量的持续提升。与其他学科课程相比，思政课程在社会主义核心价值观等主流意识形态方面的表现尤为突出。它承载着传授思政理论知识及推广社会主义核心价值观这一核心意识形态的重要任务，致力于引导学生形成正确的思想观念。为了确保思政课程所倡导的社会思潮始终紧跟时代步伐，积极采用信息化教学手段能更有效地服务于思政课程的教学内容，提高思政教学的效果。

（一）信息化教学更好地服务于思政教学内容

在信息化时代背景下，教育技术的革新为思政教学带来了新的机遇与挑战。信息化教学以其独特的教学方式和手段，为思政教学提供了更加丰富的教学资源，以及更加多样的教学方法与教学模式。

在教育领域，信息技术的广泛应用正引领着思政教学的变革，如新型教学模式——慕课、翻转课堂和移动课堂等，充分展现了信息化教学在教学实践中的活力。在现代教学环境中，信息化教学已成为一种关键的教学模式，它以信息技术为基石，高效利用现代教育媒体、教育信息资源及先进的教育技术，将教育者与学习者紧密相连。信息化教学不仅以信息化环境为背景，还凸显了教育者和学习者的主体地位，促进了教学的双向互动。它并非简单地将传统教学方式转化为多媒体展示，而是将信息技术与教育教学理论深度融合，构建出全新的教学模式。该模式特别注重激发学生的学习兴趣和主动性，将学生的"学"置于核心地位，从而更合理、更高效地组织教学活动，追求教学效果的最佳化。对于思政课这类具有强烈意识形态性质的课程，其内容常显得抽象和枯燥，容易使学生失去兴趣。因此，信息化教学手段的运用显得尤为重要。通过创新教学方式，思政课的内容可以变得更为生动、形象，更易为学生所接受和理解，从而激发他们的学习热情，提升教学效果。例如，随着在线教育平台的兴起，许多学校开始尝试将思政教育内容与在线教学平台相结合。通过引入在线教育平台，将思政课程进行线上授课，并通过平台的互动功能，如在线讨论、实时问答等，增强了学生的参与度和互动性。同时，在线教育平台还提供了丰富的教学资源，如思政教学视频、电子教材等，为学生提供了更加多样化的学习方式。通过这种教学模式，不仅提高了学生的学习兴趣，还显著提升了思政课程的教学效果。

此外，信息技术在教学中的应用催生了一种满足现代学生学习需求的新教育模式。学生能够便捷地获取前沿信息资源，并以他们喜爱的方式深入研究相关理论知识。信息技术的独特优势在于能够激发学生自主探究思政理论知识的兴趣，使他们主动学习思政课的内容。这种创新教学方式不仅提高了思政课的教学质量，实现了内容的高效传递，还更好地达成了"立德树人"的教育目标。

（二）思政教学内容主动适应信息化教学形式

思政教学是学校德育工作的主渠道和主阵地，是培养社会主义建设者和接班人的重要渠道，也是学校落实"立德树人"根本任务的关键课程。思政教学作为义务教育的重要组成部分，必须主动适应信息化教学形式，以更好地满足学生的学习需求和社会的发展要求。

在新时代，信息技术对学校思政教学产生了深刻影响。一方面，信息技术使教学活动由封闭走向开放，由单一走向多元，使课堂成为学生接受和认识世界、与人交往、塑造自我的主要场所，打破了传统教育模式对师生的时空限制。例如，教师可以将传统的课堂教学与网络教学相结合，利用多媒体教学设备展示课件、播放视频资料，同时利用在线教学平台进行实时互动和讨论。此外，教师还可以利用网络资源搜集了大量的思政教学素材，并将其融入课堂教学中，使教学内容更加丰富多彩。通过这种形式的教学，学生的学习兴趣和积极性得到了极大的提高，教学效果也得到了显著的提升。另一方面，信息技术为思政教学提供了全新平台，给传统思政教学带来了全新挑战。信息技术使学校思想政治理论课的教学对象由以学生为主变为学生、教师、管理者和社会公众四者共同参与，增强了学生与教师、学生与学生的互动。这就要求学校思政教学内容主动适应信息化教学形式，充分利用互联网资源和平台优势，拓展思政教育内容。思政课在课程定位上是一门理论课程、思想政治教育课程。这决定了思政教学内容具有政治性、思想性和理论性。这三个特点决定了思政教学内容在信息化背景下要进行相应的调整和优化。作为"铸魂工程"的学校思想政治理论课建设要做到"四个统一"，即要把马克思主义理论教育作为学校思想政治理论课建设的首要任务和核心内容，把系统学习马克思主义理论作为教育教学的核心任务，把提升思想政治理论课教师队伍素质作为教育教学的关键环节，把推进信息化教学手段应用作为教育教学改革的重要举措。

思政教学内容主动适应信息化教学形式是现代教育发展的必然趋势。通过创新教学方法和加强师生互动等措施，可以有效提高思政教学的效果和质量。因此，我们需要不断探索和实践，进一步完善和优化思政教学信息化的教学策略和方法，以更好地服务于学生的全面发展和社会的进步。

三、信息技术的虚拟空间与思政课的现实教学环境相契合

在信息技术高速发展的时代背景下，虚拟空间与现实教学环境的结合正逐渐成为教育领域的新趋势。在思政课的教学中，引入信息技术的虚拟空间不仅为传统的课堂模式注入了新的活力，更使得教学内容得以更加生动、直观地展现，从而极大地提升了教学效果。随着信息技术的快速发展，各种现代技术如信息化、数字化及云存储等共同构建了一个富有创新性的

虚拟世界。这个世界在某种程度上反映了教师的社会实际，其稳固性和不断发展在很大程度上与现实的教育环境相互依存。思政教学环境的优化与提升也需借助信息技术虚拟空间的不断拓展与深化。随着现代教育的不断进步，思政教学正逐渐融入由虚拟空间与现实教学环境交织而成的新型教育生态中，这种融合已成为推动教育革新的重要力量。这一转变对教师和学生的角色进行了重新定义：教师不再仅仅是知识的唯一拥有者，而是成为引导学生探索知识的向导；学生则能在模拟的学习情境中，依据个人的学习风格和发展需要，与学习环境进行更为自然的交互。这种新颖的教学模式有效地消除了师生之间的沟通壁垒，为信息技术与思政教学的紧密结合带来了新的生机。随着信息技术在多个学科领域的广泛应用，虚拟空间与现实教学环境之间的交融日益加深。为了高效传授思想政治理论课的内容，并确保社会主义核心价值观等主流意识形态的顺畅传播，亟需探寻虚拟空间与现实教学环境的最佳融合点，以实现两者之间的平衡与协调。通过促进虚拟空间与现实教学环境的有机结合，不仅能够提升教师传授理论知识的效率，还能显著增强学生对这些知识的实际掌握效果。此外，这一举措还将为信息技术虚拟空间的健康、持续发展提供有力支持。

（一）思政课的现实教学环境促进信息技术虚拟空间的健康发展

随着信息技术的迅猛进步，虚拟空间正在不断地扩展和充实。基于此背景，思政教学应当敏锐捕捉机遇，积极推动自身的创新与发展，并且担负起引领的重任，为信息技术塑造的虚拟空间确立正确的价值观和道德规范。信息技术的革新已经让人们的视野从物质层面拓展到了广阔的虚拟领域，使学生可以接触到多元的社会思潮，自由地探寻所需的各类资源。自 20世纪 90 年代以来，信息技术的虚拟化不断发展和演变，已深深融入人们的日常生活，极大地改变了教师的行为模式和生活习惯。它为人们满足生活需求提供了更加便捷的方式，使教师能够迅速获取大量的信息。但与此同时，虚拟空间中也出现了一些消极的、与社会进步背道而驰的观念。为了应对这些观念，教师需要确立一种积极的主导思想来进行指导。思想政治教育正是这样一个工具，它能够帮助人们树立正确的理想信念、人生价值观，并坚定他们的政治立场。因此，在虚拟空间的助力下，思政教育应积极发挥引导作用，培养学生坚定的理想信念和正确的价值观，使他们在信息纷繁复杂的虚拟世界中保持清醒的头脑，有效抵御各种不良思想的侵袭。如在现实课堂中，教师通过深入讲解思政理论，引导学生树立正确的世界观、人生观和价值观。这种价值观的培育不仅影响着学生在现实生活中的行为选择，也延伸到了他们在虚拟空间中的行为。学生在虚拟空间中会更加注重信息的真实性、道德性和社会责任感，从而促进了虚拟空间的健康发展。

除此之外，当前，网络渗透现象已对我国的政治稳定、经济发展和文化传承产生了不容忽视的负面影响。面对这一现象，教师必须予以严肃对待，并采取积极措施进行引导和纠正，以遏制不良社会思潮的蔓延。因此，加强网络内容的规范建设、确保网络安全、清理网络空间污染，共同营造一个健康向上、积极正面的网络环境，成为每个教师不可推卸的责任。

思政教学作为传播国家主流意识形态和培育社会主义核心价值观的重要阵地，对于塑造一个健康的网络环境具有举足轻重的作用。它不仅能够弘扬社会正气，传播积极向上的文化价值观，还能有效引导社会思潮朝着正确方向发展。从这个角度来看，思想政治理论课无疑为网络虚拟空间的健康有序发展提供了坚实的思想引领和道德支撑。

与此同时，思政课的现实教学环境还为信息技术虚拟空间提供了有力的监管和支持。在现实教学中，教师还会关注学生的言行举止，及时纠正他们的错误观念和行为。这种监管机制可以延伸到虚拟空间，通过建立健全的规章制度和管理体系，对虚拟空间中的不良信息进行过滤和清除，保障其健康有序的发展。思政课的现实教学环境通过提供正确的价值导向以及有力的监管和支持，为信息技术虚拟空间的健康发展提供了有力的支撑。这种相互促进的关系不仅有助于提升思政课的教学效果，也推动了信息技术虚拟空间的不断进步和完善。

（二）信息技术虚拟空间使思政课的现实教学环境不断拓展

信息技术虚拟空间所提供的教学支持已经远远超越了传统的教学环境和纸质教材，它不仅能够汇聚丰富多样的教学资源，还能紧跟社会发展的最新潮流和思想。这种特点正好满足了当前思政教学改革的迫切需要。思政教学改革的重点在于突出学生的主体地位，确保所有教学活动都紧密围绕学生的实际需求展开，而信息技术构建的虚拟学习环境恰好迎合了当代学生对网络资源的强烈需求，有效地提升了他们自主学习的积极性和参与度。

当今的学生热衷于网络文化,这为教学改革带来了全新的契机。教师可以灵活地借助信息技术的力量,从浩瀚的网络世界中攫取丰富多样、启发灵感的教学素材。结合尖端的教学手法和技术,这些网络上的宝贵资源能够被无缝地整合到思政课程的实际教学场景之中,营造出与学生生活紧密相连的学习环境。这样的方法能够将原本抽象难懂的思政理论变得形象生动、易于理解,从而极大地改善了思政课堂的气氛,使之更加活泼有趣。此外,这种做法还显著地拓展了课程内容,提升了整体的教学质量。因为传统的教材通常侧重于理论性的阐述,使用的专业术语有时会使学生产生困惑和不解。为了避免这种情况的发生,教师需要利用信息技术这一有力工具,将理论知识以更加直观、具体的方式呈现出来,帮助学生深入领会其内涵。

与此同时,虚拟空间与现实教学环境的结合还有助于打破时空限制,实现教育资源的共享和优化配置。通过在线平台、远程教学等方式,可以将优质的思政课程资源传播到更广泛的地域和人群中,促进教育的公平和普及。因此,运用信息技术将知识可视化、具体化,无疑是提高教学效果、加深学生对知识理解的重要手段。信息技术虚拟空间极大地丰富了教师授课的形式,使之更为生动形象,同时也为学生提供了更为直观的学习体验。网络空间不仅汇聚了最前沿的资源,还承载着大量的历史资料,为深入研究提供了丰富的素材。思政课的独特之处在于其强烈的意识形态性和时政性,它始终紧跟国家的最新政策,及时反映社会的最新动态。学生更希望教师能够结合身边的实际案例来阐释理论内容,这样的教学方式更易于被他们所接受和理解。然而，在这个网络化、数字化的信息时代，学生的价值观、思维方式、政治立场和行为模式都面临着虚拟空间中不良思想的冲击。这些不良思想可能通过各种渠道渗透到学生的日常生活中，对他们的成长产生负面影响。因此，在这个时代背景下，教师需要更加警惕地审视网络空间的内容，以确保学生的思想健康得到有效的保护，让学生在虚拟空间中更加注重信息的真实性、道德性，从而促进虚拟空间的健康发展。

初中阶段学生的思维比较活跃，对事物的好奇心比较强，但是此阶段也是学生培养正确价值观的重要时期，这就需要通过思政教学进行正确引导，让学生的思想品格得到良好的发展。思政教学作为落实"立德树人"的重要途径，教师利用互联网收集多样化的思政教学资源，并挖掘其中精华内容，去除不适用的内容，并在课堂教学中合理引入，促使信息技术虚拟空间向思政课现实教学环境转化，真正地实现"互联网+思政课"教学模式的推广和应用。另外，利用信息技术虚拟空间，学生可以加强与教师和其他同学的交流，通过协作学习，加深对所学内容的理解。同时，虚拟空间也为学生提供了更多自主选择学习的机会。因此，思政教学在信息技术虚拟空间的作用下实现了教学环境的拓展，打破了思政教育资源共享及教学内容传播的局限性。需要注意的是，教师应在虚拟空间和现实教学环境中维持社会主义核心价值观等主流意识形态的引领地位，改善思政教学环境，提高思政教学的实效性，最大化地实现虚拟空间的教学价值。

第三章 思政教学与信息化教学融合现状及存在的问题

第一节 思政教学与信息化教学融合现状

一、内容陈旧，缺乏创新

在当前教育信息化的大背景下，思政教学与信息化教学的融合本应是一场充满活力与创新的变革。然而，在实际操作中，我们不难发现，两者融合的内容往往显得陈旧，缺乏足够的创新。信息技术的发展对思政教学产生了重要的影响，现代信息技术与思政教学的融合是思政教育改革和创新的必然趋势。但是，由于现代信息技术的发展与应用还处于初步阶段，一些思政教师在运用信息化教学模式时存在一些问题，如许多教师简单地将传统思政内容搬到信息化平台上，没有进行深入的内容创新和资源整合。这导致学生在接受思政教学时，仍然面临着内容单一、枯燥无味的问题。另外，由于信息技术的不断更新，一些陈旧的思政内容已经无法与新的技术手段相匹配，使得融合效果大打折扣。

此外，一些思政教师认为信息技术能够为教学带来便利，因此在思政教育中过分依赖信息技术，忽视了传统教学模式对思政教育的重要意义。而实际上，传统教学模式并不是不能应用于思政教学中。在传统教学模式下，教师对学生进行传统的灌输教育，这样既不能发挥信息技术的作用，也不能提高学生学习的积极性。因此，在思政教学中应用信息化教学模式时需要注重与传统教学模式之间的融合，借助现代信息技术实现教学内容的丰富与创新，如在课堂上引入多媒体技术和网络技术等。只有这样才能激发学生的学习的积极性和主动性，提高学生学习效果和质量。

与此同时，推动思政教学与信息化教育的融合创新，需要深入挖掘思政教育的内涵和价值，将其与现代社会的热点问题和学生的实际需求相结合，形成具有时代特色的思政教学内容。在未来，我们要继续探索新的教学方式和手段，充分利用信息技术的优势，打造互动性强、自主性高的思政教学课堂，推动思政教学与信息化教学的深度融合。

二、资源匮乏，利用率低

资源匮乏与利用率低是当前思政教学与信息化教学融合所面临的一大挑战。目前，我国思政教学工作在资源上存在着诸多问题。

首先，传统的教学模式是教师利用多媒体设备和网络技术等进行教学，这种教学模式主要以教师为中心，学生缺乏主体地位，不符合新时代学生的学习方式，也不能满足学生的学习需求。由于思政教育工作时间长、任务重，传统的思政教学模式难以满足当今时代学生的学习需求。而学生作为教学的主体，对于思政信息化教学的接受程度和参与度也直接影响着资源的利用效果。同时，由于目前思政信息化教学的模式和方法还不够成熟，难以激发学生的学习兴趣和积极性，导致学生参与度不高，进一步加剧了资源利用率低的问题。因此，现代信息技术的充分应用能够有效地解决这一问题，通过创新信息化教学模式能够有效拓展思政教育资源。

其次，教师对信息化教学资源的利用率较低。在信息技术快速发展的今天，思政教学急需借助现代科技手段提升教学效果，然而实际情况却是，适合思政教学的信息化资源严重不足，导致教师在授课时难以找到丰富多样的素材来辅助教学，而信息化教学资源是思政教师进行课程设计和教学活动的重要资源之一。同时，由于部分思政教师在信息化教学方面缺乏经验，严重影响了他们对信息化教学资源进行高效利用。

最后，要继续加强思政教学与信息化教学的融合，提升资源的丰富性和利用率。这包括加强资源库的建设和管理，提升教师的信息化素养和教学能力，探索适合思政教学的信息化教学模式和方法，以及增强学生的参与度和学习体验等。只有这样，我们才能真正实现思政教学与信息化教学的深度融合，提升思政教学的效果和质量。

三、缺乏互动，缺少沟通

在思政教学与信息化教学融合的过程中，缺乏互动与沟通是一大痛点。尽管信息化教学提供了丰富的技术手段，但在实际应用中，由于缺乏有效的互动和沟通，思政教学难以达到预期效果，信息技术与思政教学没有得到有效的融合。

当前，在思政教学中，教师通过课堂灌输向学生传授知识和技能，学生通过被动听课获取知识和信息，从而实现知识共享。这种教学模式使教师和学生之间缺少互动和沟通，增加了学生学习的难度。随着时间的推移，这种教学模式不仅没有使思政教育达到预期效果，还严重影响了学生对思想政治知识的学习兴趣。因此，思政教师必须高度重视该问题，他们应转变教学理念，创新教学方法，激发学生学习兴趣，提高信息化思政教学的成效。同时，现有的信息化教育资源大多以单向传递为主，缺乏对学生反馈的及时捕捉和处理。这导致教师在教学过程中无法及时了解学生的学习状况和需求，难以调整教学策略和提供个性化的指导。这不仅影响了教学效果，也阻碍了师生之间的情感交流和信任建立。

综上所述，为了提升思政教学与信息化教学融合的效果，我们需要加强师生的互动性和沟通性。这包括优化资源设计，增加互动元素，提高资源的可用性和易用性；建立畅通的师生沟通渠道，促进师生之间的及时反馈和有效交流。通过这些措施，我们可以更好地发挥信息化教学在思政教学中的作用，提升思政教学质量和教学效果。

四、模式单一，素养不高

在思政教学与信息化教学融合的过程中，存在融合模式过于单一，教师的信息化素养不高的现象。首先，从融合模式来看，当前思政教学与信息化教学的结合方式往往停留在较为基础的层面，如使用多媒体教学工具进行课件展示，或者通过在线平台发布教学资源和作业等。这种单一的融合模式缺乏创新和深度，难以充分发挥信息化教学的优势，也无法满足学生对多样化、个性化学习的需求。其次，教师的信息化素养是影响思政教学与信息化教学融合效果的关键因素。然而，目前许多教师的信息化素养并不高，对新兴的信息技术和教学工具了解不足，应用能力有限。这导致他们在融合思政教学与信息化教学时，往往力不从心，难以达到预期的教学效果。此外，学生的信息化素养对融合效果同样重要。学生作为学习的主体，他们的信息化素养将直接影响他们对信息化教学资源的接受程度和使用效果。然而，目前许多学生的信息化素养也有待提高，他们缺乏自主获取、分析和利用信息化教学资源的能力，限制了思政教学与信息化教学融合的深度和广度。

因此，为了提升思政教学与信息化教学的融合效果，我们需要探索更多元化的融合模式，同时加强教师和学生的信息化素养培养。通过创新教学模式、提高教师信息化应用能力、引导学生积极参与信息化学习等方式，我们可以推动思政教学与信息化教学的深度融合，提升教学质量和效果。

第二节　思政教学与信息化教学
融合存在的问题

一、信息化教育资源在思政教学中利用不足

（一）缺乏高质量的信息化思政教育资源

1. 信息化资源的内容简单

随着信息化时代的深入推进，教育领域广泛应用多种信息技术，促进教育信息化发展。信息化资源是信息化教学实施的重要支撑，只有开发生动、形象且丰富多元化的信息资源，才能满足学生个性化的学习需求，提高教学质量。但是，当前的信息化思政教育资源的形式比较单一，主要以文字、图片、课件等形式呈现，虽然文字与图片具有一定的信息传递作用，但是在传递思想、理论深度、实际应用方面存在局限性。另外，随着信息化教学的不断发展，课件资源数量快速增加，虽然通过课件可以增加课堂的信息量，但是很多课件制作质量比较差。有些教师在制作课件时，倾向于直接将课本的长段文字、插图及引用的生活实例等全部照搬至课件中，导致一整节课的内容几乎就是课本的翻版。对于学生来说，无论是阅读课本还是观看这样的课件，所获取的信息并无太大差异。这些课件虽

然能够为学生带来一定的视觉效果，但实际上却是对信息技术的滥用，其效果与传统的黑板加粉笔教学方式并无明显的区别。这种过度追求多媒体形式的行为，反而使得原本简单明了的教学内容变得复杂。因此，为了满足不同学生的需求，提高思政教学的效果和质量，教师需要合理使用信息化技术开发高质量的信息化思政教育资源。

2. 信息化资源专业性不足

思政教育作为塑造学生思想观念、政治立场和道德品质的重要途径，其专业性和思想性是不容忽视的。尤其在信息技术日益融入教育领域的今天，信息化思政教育资源的质量和专业性更显得至关重要。但是，当前许多信息化思政教育资源的专业性不足，这对思政信息化教学效果造成严重影响。专业性不足具体体现在以下方面：第一，信息化思政教育资源的理论深度有所欠缺。当前，部分信息化思政教育资源在理论阐释上表现得较为表面，缺乏深层次的挖掘和系统的讲解。也就是说，资源仅仅停留在列举思政教育的相关概念和知识点的层面，而未能深入挖掘其背后的历史背景、理论基础及实际应用的价值。这使得学生在利用这些资源时，难以透彻、全面地把握思政教育的核心理论和深层含义，影响学生的学习效果和素质提升。第二，语言表述的规范性有待提升。思政教育作为一门严肃的学科，其语言表达必须精确且规范。然而，一些信息化思政教育资源里，语言的随意和不精确现象较为明显。具体来说，有些资源中概念模糊、术语运用不妥或表述含混不清的情况时有发生。这些状况不仅会阻碍学生对知识点的深入理解和把握，更可能对他们的思维模式和价值观产生误导。因此，提高语言表述的规范性，对于增强信息化思政教育资源的专业性至关重要。第三，信息化思政教育资源中的案例选取不够典型。案例教学在思政教育中扮演着举足轻重的角色，不过，现有的信息化思政教育资源中，部分案例选取比较随意，这些案例与主题内容的关联性并不强，无法有效地支撑教学要点。另外，对信息化思政教育资源中的案例未进行分类整理，使得学生在进行案例学习时难以把握其间的共性和差异。这样的状况无疑削弱了信息化思政教育资源的专业性和教学价值，不利于学生通过案例分析来深化对思政教育理论和实践层面的认识。因此，教师必须重视案例选取的质量，确保其既具有代表性又能紧密围绕教学目标，从而提升信息化思政教育资源的整体水准。此外，教师需要根据学生的认知特点和思想实际，收集并整合符合学生需求的信息化思政教育资源，为推动信息化教学奠定基础。

3. 信息化资源缺乏规范性

在当前的信息化思政教育资源建设中，一个不容忽视的问题是缺乏规范性，主要体现在资源的内容、格式、来源等多个方面。这一问题给思政教学的有效实施带来了一定的困扰。首先，从内容上来看，由于缺乏统一的编写标准和审核机制，信息化思政教育资源的质量参差不齐。有些资源过于追求新奇和独特，却忽视了思政教育的本质要求，导致内容与教学目标脱节；而有些资源缺乏时代性和针对性，难以引发学生的兴趣和共鸣。其次，在格式方面，信息化思政教育资源也缺乏统一的标准。不同的资源可能采用不同的文件格式、排版方式等，使得教师在使用过程中需要花费大量的时间和精力进行格式转换和整理。这不仅降低了教学效率，也增加了教师的工作负担。最后，资源的来源也是影响规范性的一个重要因素。目前，信息化思政教育资源的来源多种多样，包括学校自建、网络下载、商业购买等。然而，由于缺乏统一的管理和监管机制，这些资源的真实性和可靠性难以保证。一些不良资源甚至可能包含错误、虚假或误导性的内容，对学生的思政教育产生负面影响。因此，为了提升信息化思政教育资源的质量和效果，我们需要加强规范性建设。这包括制定统一的编写标准和审核机制，确保资源的内容符合思政教育的目标和要求；制定统一的文件格式和排版标准，方便教师使用和管理；建立严格的资源来源审核机制，确保资源的真实性和可靠性。只有这样，我们才能为学生提供高质量、规范化的信息化思政教育资源，促进他们的全面发展。

（二）资源更新速度缓慢且与时代发展脱节

在现代社会，信息呈现爆炸式增长，人们的需求也在不断变化。然而，思政教学的信息化资源更新速度却相对滞后，无法满足教学需求。在信息化时代背景下，思政教学资源本应与时代发展紧密相连，及时反映社会的变革与进步，但现实中却存在着更新速度缓慢、与时代发展脱节的问题。由于部分思政教师对信息化教学的认知不足，不重视对信息化教育资源的更新与开发，导致教学内容陈旧，影响信息化思政教学资源的利用效果。

首先，信息化思政教育资源更新需要投入大量资金，然而许多学校资金有限，无法承担更新与开发信息化资源的高昂费用，这就导致信息化思政教育资源长期无法得到更新，影响思政信息化教学的发展。虽然信息技术的快速发展为信息化思政教育资源的更新提供了可能，但是一些学校和教育机构考虑到需要投入大量资金，未能充分利用信息化技术，如大数据、云计算、人工智能等，对思政教育资源进行深度挖掘和整合，导致信息化思政教育资源的质量和数量都无法满足时代的需求。

其次，信息化思政教育资源内容缺乏与社会热点、时政的联系。信息化思政教育资源与时代发展脱节还体现在内容陈旧、缺乏创新上，如缺少创新，缺乏与现实生活、社会实践相结合的案例和素材，使得思政教育显得空洞、乏味，难以引起学生的兴趣。而思政教育的核心是培养学生的思想政治素质，而社会热点和时政问题正是反映社会现实、引领时代潮流的重要窗口。当前，许多学校的信息化思政教育资源建设，通常结合教材内容和教学需求，通过互联网整合相关思政教学内容，但往往忽视了与社会热点、时政问题的紧密联系。这种现象容易导致思政教育与现实生活脱节，使得学生在面对实际问题时感到迷茫和无助。此外，即便一些资源涉及社会热点，但仅仅停留在表面，没有深入剖析问题的本质和背后的原因。这样的教育资源虽然能够吸引学生的注意力，引发他们的兴趣，但无法引导他们进行深入的思考和探讨。

综上所述，信息化思政教育资源更新速度缓慢且与时代发展脱节的问题亟待解决。我们需要加强信息化思政教育资源的更新机制，及时反映社会的最新动态和热点问题；同时，要注重信息化思政教育资源的创新，结合现实生活、社会实践，提高思政教育的针对性和实效性，为思政教育的发展注入新的活力。

（三）资源共享和整合机制不完善

1. 缺乏跨地区、跨学科的资源整合

我国地域广阔，地区之间经济发展不平衡，信息化资源在各个地区的分布也不均匀。信息化资源的分布不均，对思政教学造成了很大影响。针对这一现象，很多学校在开展思政教学时，虽然将信息化教育资源运用到了思政课的教学中，但没有做到跨地区、跨学科的资源整合。例如，有一些学校在思政教学中虽然利用了信息化教育资源，但是却没有做到将不同地区、不同学科的思政教育资源进行整合。因此，要想让信息化教育资源在思政教学中得到充分利用，就必须实现信息技术与思政教学的有效整合。只有将不同地区、不同学科的思政教育资源进行整合，才能让不同地区的教育资源得到充分利用。这就要求各学校在进行思政教学时要积极与其他学校和社会组织进行沟通交流，了解其他地区、其他学科的信息化思政教育资源，从而实现信息技术与思政教育的有效整合。

2. 缺乏统一、高效的资源共享平台

在教育信息化背景下，利用信息技术开展思政教学，可以更好地提升教学效果，但是，融合教学中缺乏统一、高效的资源共享平台，将会影响信息化教学的深入开展。造成此问题的原因主要有以下三个方面：一是教育资源共享机制尚未建立健全。当前，众多学校与教育机构在资源共享方面依然存在孤岛现象，彼此之间缺乏有效的协同与合作机制。这种状况使得大

量优质教育资源未能得到充分发挥和利用，进而导致了资源的闲置与浪费。另外，由于缺少一个统一的资源共享平台，师生在搜索和使用这些资源时往往会遇到诸多困扰，这也在一定程度上降低了教学和学习的效果与效率。二是缺乏统一的标准与规范，造成资源共享困难。在信息化教学领域，目前缺乏统一的标准和规范，导致各个学校和教育机构在开发和使用教育资源时，常常采用各自的格式和标准。这种情况严重制约了教育资源之间的兼容性和互通性，使得跨平台、跨系统的有效资源共享变得困难重重。这不仅导致了资源开发成本的增加，也对教育资源的广泛传播和应用造成了一定的阻碍。三是技术支持和资金投入的不足。当前，众多学校和教育机构在资源共享方面的投入显得颇为不足。一方面，因缺乏专业的技术团队及尖端的技术设备，许多学校无法独自研发高品质的资源共享平台；另一方面，资金的匮乏也使得大量有潜力的资源共享项目和计划无法落地实施。这些难题均在很大程度上阻碍了资源共享平台的建设与进一步发展。资源共享平台的缺失，不仅造成教育资源的零散分布，使得高质量的教育资源无法得到充分的利用和有效的传播，而且还影响学生对于思政课程的学习体验，限制他们获取丰富、多样的学习资源。

3. 缺乏健全、完善的资源共享机制

在信息化时代背景下，思政教育资源的共享机制对于提升思政教育的质量和效果具有至关重要的作用。然而，当前思政教育资源在信息共享方面却面临着缺乏健全、完善机制的问题，这在一定程度上制约了思政教育的创新与发展。首先，缺乏统一的资源共享平台是思政教育资源共享机制不健全的突出表现。

当前，各个学校、教育机构在思政教育资源建设方面往往各自为战，缺乏统一的平台来整合和共享资源。这导致了资源的分散和碎片化，使得教师在寻找和使用思政教育资源时面临诸多困难。同时，由于缺乏统一的标准和规范，不同平台之间的资源质量和可用性也存在较大差异，进一步影响了资源共享的效果。其次，资源共享机制在数据安全和隐私保护方面也存在不足。在信息化社会，数据安全和隐私保护是信息共享机制必须考虑的重要问题。然而，当前一些思政教育资源共享平台在数据安全和隐私保护方面存在漏洞和不足，容易导致用户信息的泄露和滥用。这不仅损害了用户的权益，也影响了思政教育资源共享机制的信誉和可持续发展。最后，思政教育资源共享机制还缺乏有效的激励机制和监管措施。在现实中，许多学校和教师对于参与思政教育资源共享的积极性不高，主要是因为缺乏相应的激励机制和监管措施。一方面，缺乏明确的奖励和认可机制，使得参与资源共享的教师无法得到应有的回报和肯定；另一方面，缺乏严格的监管措施，导致一些低质量、不合规的资源也能进入共享平台，影响了整体资源的质量和使用效果。

因此，通过建立健全、完善的思政教育资源共享机制，我们可以更好地整合和优化思政教育资源，提高思政教育的针对性和实效性，建立更加高效、便捷的思政教育资源共享平台，为思政教育的深入发展注入新的活力和动力。

二、学生对信息化思政教学的接受度不高

在信息化浪潮席卷全球的今天，信息化教学已逐渐渗透到各教育阶段和学科领域。在当前教育信息化的大背景下，思政

教学也在不断尝试引入新技术，以提升教学效果。然而，学生对信息化思政教学的接受度并不高，原因主要有下面几点。

（一）学生信息素养参差不齐

1. 信息素养基础存在差异

信息素养是人们在信息时代中不可或缺的核心能力，涵盖了信息的获取、处理、利用及评价等多个层面。对于学生这一特定群体来说，信息素养的培养显得尤为重要。然而，由于家庭背景、教育经历及个人兴趣等诸多因素的综合影响，学生在信息素养基础上展现出了显著的差异性。由于部分学生的家庭环境优越或学校教育资源丰富，这些学生在日常生活中可以较早接触多样化的信息技术，对信息技术产生浓厚的兴趣，从而提高信息素养基础。因此，这些学生在思政课程开展信息化教学时，能够迅速适应，并能够运用自己的信息技术能力去拓展学习范围，深化对思政知识的理解。然而，部分学生的信息技术学习与信息素养培养仅依靠学校信息技术课程教学，导致这些学生的信息技术水平与实际需求存在较大差距。他们在面对思政课程实施信息化教学时，感到困惑和无助，无法有效吸收和掌握教学内容，而且无法使用信息技术手段进行高效的学习和交流，从而导致学习效果的不理想。信息化教学往往需要学生具备一定的信息素养，如网络搜索、信息处理等能力，而这些能力对于这些学生来说可能是一个挑战。

2. 学生缺乏主动学习意识

学生正处于身心发展的关键时期，他们的认知能力和兴趣爱好尚未完全成熟。相较于传统的教学方式，信息化教学往往更加注重互动、创新和多元化。

在信息化教学的浪潮中，思政教学越来越注重学生的中心地位，旨在激发学生的思辨能力和创新精神。然而，现实情况却显示，许多学生在学习中并未展现出积极的学习态度。由于习惯了被动接受知识，学生在面对信息化教学时往往显得无所适从，缺乏主动学习和探索的动力。他们习惯于传统的教育方式——教师传授知识，学生则倾听并记录，这种"灌输式"的教学模式让学生形成了依赖心理，面对难题时更希望从教师那里直接获得答案，而不是通过自己的思考去探索解决之道。与此相对，信息化教学提倡学生的主体性，鼓励他们利用丰富的信息技术工具去自主搜索、筛选、解读和整合知识，从而构建自己的见解和策略。这要求学生具有自发的学习动力，勇于跳出固有的学习模式，去接受新的挑战。但是，部分学生对信息化教学模式难以适应，不知道如何高效利用网络资源，这在一定程度上削弱了他们在信息化思政教学中的积极性。

除此之外，家庭和社会环境也是影响学生接受度的重要因素。一些家长对于信息化教学持保守态度，认为它可能会分散学生的注意力，影响学习效果。同时，社会对于信息化教学的认知尚未完全普及，这也在一定程度上影响了学生对于信息化思政教学的态度。

（二）信息化思政教学未能满足学生个性化需求

在信息化时代，思政教学逐渐从传统的黑板粉笔模式向数字化、网络化转型。近年来，信息化教学不断应用于思政教学中，利用信息技术为学生提供丰富、多样化的教学资源，便于学生选择适合、需要的内容。然而，尽管信息技术为思政教学带来了诸多便利，但是，目前的信息化思政教学仍未能满足学生的个性化需求，主要表现在以下方面：一方面，缺乏对学生学习需求的深入分析。在实施信息化思政教学时，并未对学生的实际情况和多元学习需求进行分析，而是直接套用现有的教学模式和教学资源，导致教师制定的思政教学活动缺乏针对性，且教学内容与学生的实际需求脱节，难以满足学生个性化需求，降低了信息化思政教学效果。另一方面，缺乏个性化学习支持。信息化思政教学在提供个性化学习支持方面也存在不足。个性化学习支持是指根据学生的个性化需求，为其提供定制化的学习资源、学习路径和学习指导，以帮助学生更好地实现学习目标。然而，在当前的信息化思政教学中，由于缺乏对学生学习需求的深入了解，很难为学生提供个性化的学习支持。同时，由于技术手段和教学资源的限制，信息化思政教学也很难实现对学生学习过程的实时监控和动态调整，无法根据学生的学习进度和反馈及时调整教学策略，导致教学效果不佳。

除此之外，信息化思政教学虽然采用了多种技术手段，但其教学内容仍缺乏针对性，教学方法也显得较为单一。由于学生个体差异较大，他们对思政知识的需求和理解能力各不相同，然而当前许多信息化思政教学平台所提供的内容往往过于笼统，缺乏针对不同层次、不同专业学生的差异化教学资源。同时，部分教师仍然采取传统的讲授式教学，缺乏对学生个体差异的关注和个性化教学策略的运用，未能满足学生的个性化需求。

（三）信息化思政教学缺乏趣味性和启发性

在信息化时代，思政教学不断与时俱进，信息技术与思政教育不断融合。尽管信息化思政教学在资源共享、互动等方面取得了一定成果，但其往往会陷入理论堆砌的怪圈，忽视了知识传递过程中的趣味性和启发性。目前，许多信息化思政教学内容是用抽象概念、原则和理论堆砌的，学生很难从中找到与自身经验相契合的点，更难以体会思政知识的深层价值和实际应用。这样的教学内容不仅无法激发学生的好奇心和探索欲，反而可能因其枯燥无味而导致学生产生厌学情绪。另外，在信息化思政教学中，传统的教学方式如讲授法、灌输式教学等仍然占据主导地位，往往侧重于理论知识的传授，缺乏生动有趣的案例和实践内容。即便使用了信息化手段，也只是将文字内容转化为电子形式，这些方式往往缺乏互动性、创新性和启发性，难以适应现代学生的学习需求和认知特点。这种教学方式不仅无法有效吸引学生的注意力，还可能抑制学生的主动性和创造性，导致课堂氛围沉闷，教学效果不佳。此外，传统的信息化思政教学在很多情况下与学生的实际生活脱节，缺乏与学生生活经验和现实社会的连接点。这种脱离实际的教学往往使学生感到思政课程高高在上、遥不可及，难以产生共鸣和兴趣。然而，目前针对思政教学的趣味性和启发性的教育资源相对较少，难以满足学生的多样化需求。这个问题的解决既有赖于教育行政部门和学校的投入和支持，也需要广大教师积极参与资源的开发和共享，采取有效措施加以改进，以打造更具吸引力和趣味性的思政教学课堂。

三、思政教师信息素养有待进一步提升

（一）信息化教学观念落后

1. 教师对信息化教学使用率较低

随着科技的飞速进步，信息化教学已逐渐成为教育领域的重要发展方向。然而，令人遗憾的是，在实际的教学过程中，许多教师对于信息化教学的使用率仍然较低。一方面是有些教师受传统教学观念束缚，认为信息化教学只是一种辅助手段，而非教学的主导方式。他们往往忽视信息化教学在提升教学效果、激发学生兴趣等方面的优势，从而限制了信息化教学的应用。许多教师仍然倾向于依赖传统的教学工具，如粉笔、黑板和教科书来传授知识。尤其是部分教师，对于信息化教学方式，他们感到陌生且不太愿意尝试，进而降低信息化教学的使用率。通过调查了解到，教师使用信息技术开展思政教学的积极性和主动性不足，主要是由于教师日常教学任务比较重，用于探索信息技术与思政教学融合实践的方法的时间与精力比较少。所以，教师更习惯采用传统教学模式，直接向学生传输理论知识，而对信息化教学新模式的认知与理解不够清晰，失去利用信息化教学的积极性，降低信息技术在思政教学中的使用率。另一方面是部分教师对于信息化教学时间和精力投入不足。由于部分教师对于信息化教学手段的掌握程度有限，无法熟练地运用各种教学软件和设备。这导致了他们在实际教学中更倾向于采用传统的教学方式，从而降低了信息化教学的使用

率。同时，信息化教学又需要教师在课前进行充分的准备，包括教学资源的搜集、教学课件的制作等。然而，由于教学工作繁重，许多教师难以投入足够的时间和精力进行信息化教学的准备，从而影响了信息化教学的使用率。没有进行充分的准备，又使得许多教师在面对信息化教学时感到迷茫和无助，进而影响了其使用积极性。

2. 教师对信息化教学的认知不清晰

目前，为了鼓励思政教师采纳新的教学技术，一些学校已经将信息技术的运用程度作为评判思政教学成效的一项标准。这一举措促使那些在信息技术方面并不熟练的教师也必须在思政课堂上运用信息技术。然而，实现信息技术与思政课程的真正深度结合，提高思政课的教学效果，是一个既漫长又复杂的过程。教师在面临快速变化的信息技术时，往往难以迅速掌握和运用，这可能会引发他们对信息技术的抵触情绪，降低他们使用信息技术的意愿。这种情况可能会导致教师对教学方法和形式的深入探索和研究不足。通过调查思政教师的信息化教学认知情况发现，部分教师科研压力比较大，导致研究成果呈现形式化、表面化，对信息化教学的理解不够深入，从而降低思政信息化教学质量。另外，在实际教学方面，信息技术虽然是一种有力的辅助工具，但如果忽视了人的主体性，便可能陷入课堂教学过度技术化的价值困境。思政课是德育工作的核心环节，其教学内容、手段和形式的选用都旨在实现"立德树人"的根本目标。部分授课教师对这种新的教学形式心生抵触，不愿意采纳和运用信息技术，导致其对课程目标的认识模糊不清，教学也会失去应有的效果。这将阻碍思政教学与信息技术的有机融合，难以实现教育的现代化转型。

除此之外，部分思政教师缺乏信息化教学的设计和规划，而信息化教学需要教师在课前进行充分的设计和规划，包括对教学目标、教学内容、教学方法等方面的考虑。然而，由于认知不清晰，许多教师往往缺乏这方面的意识和能力。他们可能只是随意地使用一些教学软件或工具，而没有明确的教学目标和计划。这种缺乏规划和设计的教学方式往往难以取得良好的教学效果。同时，在课前进行设计和规划后，信息化教学还需要在课后对教学效果进行评价和反思。许多教师往往忽视了这一环节，他们可能只是简单地认为使用了信息化手段就等同于完成了教学任务，而没有对学生的学习情况进行深入的评估和分析。这种缺乏评价的教学方式无法帮助教师及时发现问题并进行改进。

（二）信息技术技能参差不齐

1. 信息素养水平有待提升

在当前的思政教学中，信息技术技能的参差不齐现象日益凸显，部分思政教师对于信息技术的掌握和应用能力相对较弱。他们可能更习惯于传统的讲授式教学，对于多媒体教学、网络教学等信息化手段的运用不够熟练，甚至存在抵触心理。这导致他们在教学中难以充分利用信息技术带来的便利和优势，也无法将思政教学与信息技术有效融合，从而影响了教学效果的提升。

在教育信息化深入推进的背景下，信息化素养是教师需要具备的重要能力，对实现思政教学与信息化教学融合发挥着重要作用。然而，许多学校思政教师的信息素养水平有待提升。通过调查五所学校思政教师的信息素养水平发现，思政教师的信息技术素养总体水平比较低，其中有超过一半（53.6%）的教师没有参加过相关培训，更有近一半（52.5%）的教师从未接触过信息化教学环境和软件；仅有19.6%的思政教师参加过相关培训，而参加过省级以上信息技术培训的更是少之又少。由此可见，部分教师在对信息技术领域知识的掌握和相关技能的运用上有所欠缺，对于这些新媒体工具的运用熟练度仅处于中等水平，导致其在网络课件制作及网络教学应用上不够熟练，影响了信息化教学效果。此外，在掌握信息技术的基础知识和实践技能方面，大多数教师对于简易型多媒体设备及其环境下的各类单一媒体工具能够熟练操作，表现出良好的应用能力。然而，在如何将这些技术有效融入教学过程，以及深入理解相关理论知识对教学实践的重要指导意义上，部分教师的认知尚显不足。因此，思政课程的执教者在利用信息技术辅助和提升教学效果方面，仍有待加强和提高。

与此同时，也有一部分思政教师具备较强的信息技术技能，能够熟练运用各种信息化教学手段和工具。他们不仅能够通过多媒体教学工具使抽象的理论知识具象化、生动化，还能利用网络教学平台实现远程授课、在线交流等，极大地拓展了思政教学的空间和时间。然而，这部分教师在整个思政教师队伍中仍占少数，其经验和方法也未能得到广泛推广和应用。这种信息技术技能参差不齐的状况，不仅影响了思政教学的整体质量和效果，也制约了思政教育的创新发展。

2. 思政教学对信息技术过度依赖

近年来，随着信息技术在教育领域的广泛应用，教师在课堂教学中运用信息技术手段进行教学的情况越来越多。调查发现，多数思政教师在使用信息技术辅助教学时，运用程度普遍较高，并且表现出过度依赖信息技术的倾向。具体来说，思政教师在使用信息技术辅助教学时主要存在下面几个问题。

第一，对信息技术辅助教学的作用认识不足。在当前教育信息化的背景下，信息技术在教学中的应用日益广泛，对于思政课程而言，信息技术的作用远不止于一种简单的辅助工具。然而，许多思政教师认为信息技术应用于思政教学的主要作用是辅助教师讲授知识，未能做到思政教学与信息化教学的深入融合。这就导致了思政信息化教学的表面化，影响了教学效果的提高。这种理念固然有一定的道理，但也表明，这些教师对信息化教学与思政教学融合的认知不够全面，进而限制了思政信息化教学的创新与发展。特别是许多思政教师过于依赖多媒体、网络等教学手段，导致教学方式单一化。他们往往将大量时间和精力投入课件制作、视频录制等工作中，而忽视了对学生实际需求的关注。这种教学方式虽然提高了信息的传递效率，却缺乏互动性和个性化，无法有效激发学生的学习兴趣和积极性。

第二，部分教师过度依赖信息技术。思政教师在使用信息技术辅助教学时存在过分依赖信息技术的现象，一些教师过于依赖网络资源和课件，忽视了自身在教学过程中的引导作用。他们往往成为"放映员"而非"引导者"，导致教学质量下降。然而以学生为中心的课堂教学模式的形成与发展是建立在学生主体地位基础上的，因此教师必须将学生作为课堂教学活动的中心和出发点，摆脱对信息技术的过度依赖。

第三，运用信息技术手段进行教学存在随意性。部分思政教师在使用信息技术辅助教学时缺乏清晰的应用目的和效果预期，可能导致学生失去独立思考和解决问题的能力。学生往往只关注信息的表面现象，而忽视了信息的深层次含义和价值，可能导致学生缺乏实践经验和动手能力，从而影响他们的综合素质和创新能力的发展。比如，有的教师在使用信息技术辅助教学时追求形式上的"高大上""高科技""高智能"等效果，而忽视了在教育教学过程中培育学生发展所需要的思维和能力，这种做法不利于学生综合素质和能力的提升。

（三）信息化教学形式化

在信息化时代背景下，思政教学积极拥抱新技术，采用多媒体教学、网络教学、虚拟现实教学等多种形式，使得教学内容更加生动、直观。这种教学方式不仅提高了学生的学习兴趣，也拓宽了学生的学习视野。然而，在信息化教学迅速发展的同时，我们也必须正视其中存在的形式化问题。

1. 信息技术使用出现泛化和浅层化的现象

实现教育资源的有效整合是信息技术和思政教学融合的核心目标，在融合过程中，思政教学占据主导地位，并使用信息技术为课堂教学提供有力辅助，推动思政课程授课形式的变革与创新，为学生提供更好的教学服务，促进思政教学有效性的提升。然而，部分思政教师由于缺乏系统的信息技术培训，对于如何在教学中有效应用信息技术并不十分清楚。他们在日常教学中往往仅限于使用基础的信息技术工具，如利用 PPT 和计算机来展示教学内容，并错误地将这种做法等同于真正的信息化教学。因此，需要加强对思政教师的信息技术培训，使他们能够更深入地理解并应用信息技术，以真正实现信息技术与思政教学的深度融合。目前，一些思政教师在教学中过度且盲目地引入信息技术，并产生课程教学目标为使用信息技术的错误观念，这不仅不能发挥信息技术在提升教学质量方面的优势，而且使部分学校盲目开展信息化建设，未能真正满足实际教学的需求，从而导致资源的浪费。此外，在当前的教育环境下，许多思政教师纷纷利用计算机平台来共享各类教学资源，如电子教案和电子教材等。学生只需点击相关链接，便能轻松获取这些课程资源，这无疑推进了教学信息化的进程。然而，教师必须认识到，尽管这些做法充分利用了信息技术在教学中的应用，但它们仅仅是技术与教学的结合，而非真正地融合。信息技术作为一种强大的工具，其潜力远不止于此。它蕴含着丰富的可能性和内涵，能够为思政教学注入新的活力。通过巧妙地运用信息技术，教师可以探索和实施更加生动、有效的教学方法，同时也能深化和拓展教学思想，从而更好地传授思政理论知识。因此，在思政教学中，信息技术的角色不应局限于简单的应用或手段与内容的机械叠加。相反，教师应该努力寻找和创造机会，让技术资源与教育资源能够有机地结合，实现真正的融合。这样的融合不仅能够提升教学效果，还能为学生带来更加丰富、深入的学习体验。

2. 信息化教学缺乏实质性的互动交流

随着信息技术的持续进步，思政课程学科也有着与时俱进的需求。在学校硬件条件逐步升级的背景下，教学方法同样需要不断创新和优化。一些思政教师已经开始尝试将信息技术融入教学实践，借助先进的技术手段为学生提供多样化的学习资源和教学环境，如情境模拟、案例分析等。然而，这种融合往往仅停留在表面。很多时候，教师只是简单地将教材内容从纸质书籍转移到电子屏幕上，而学生则从阅读书本转变为观看多媒体内容。尽管形式上有所变化，但师生之间实质性的交流和互动依然匮乏，教学方法的本质并未发生深刻变革。除此之外，在思政信息化教学环境中，师生之间的互动和交流对于提升教学效果至关重要。然而，一些教师在应用信息化手段时，可能未能充分认识到这一点，导致课堂上出现互动不足的现象。具体来说，有些教师可能过于依赖 PPT 或视频等信息化展示工具，将大量的课堂时间用于单方面地播放这些内容，而没有给学生提供足够的发言和讨论的机会。这种教学方式实质上仍然是一种传统的"填鸭式"教学，只是将黑板换成了屏幕，但并未改变学生被动接受知识的本质。互动不足的危害是显而易见的。首先，它无法激发学生的学习兴趣和积极性。学生长时间处于被动接受的状态，很容易产生厌倦和疲惫感，导致注意力分散，学习效果下降。其次，它还可能阻碍学生对思政知识的理解和掌握。思政课程是一门需要深入思考和讨论的学科，只有通过充分的互动和交流，学生才能深入理解知识，形成自己的观点和见解。同时，一些教师在使用信息化手段进行思政教学时，还可能存在交流不畅的问题。这主要表现在两个方面：一是教师没有及时回应学生在课堂上提出的问题或困惑；二是教师没有利用信息化手段建立有效的课后沟通渠道。

教师未能及时回应学生的问题或困惑，会使学生感到被忽视或无助，从而降低他们的学习积极性和自信心，并导致学生对思政课程产生误解或偏见，影响他们对知识的正确理解和掌握。而教师没有利用信息化手段建立有效的课后沟通渠道，会使学生无法及时获取教师的指导和帮助，无法解决课后遇到的疑难问题。这不仅会影响学生的学习效果，还可能降低他们对思政课程的满意度和认同感。

3. 信息化教学存在评价体系单一的现象

信息化教学以其独特的教学方式和手段，为教育带来了革命性的变化。然而，在信息化教学快速发展的同时，我们也必须正视存在的问题，其中之一便是评价体系单一。信息化教学评价体系是指对信息化教学过程和结果进行评价的一套标准和方法。在当前的信息化教学中，评价体系主要依赖于传统的考试和测验方式，以学生的分数和成绩作为主要的评价标准。这种评价体系虽然在一定程度上能够反映学生的学习效果，但存在明显的单一性和局限性。

首先，传统的评价体系过于注重学生的知识掌握程度，而忽视了学生在信息化学习过程中的能力发展、情感态度和价值观等方面的变化。传统教育观念认为，教育的目的是传授知识，评价学生的主要标准就是知识的掌握程度。这种观念在一定程度上限制了信息化教学评价体系的创新和发展，使得评价体系过于注重分数和成绩，无法全面反映学生的综合素质和个性化发展。

其次，信息化教学具有互动性、多样性和灵活性等特点，但传统的评价体系却很难对这些特点进行准确的评估。单一的评价体系无法对信息化教学进行准确的评估，限制了信息化教学优势的发挥，使得信息化教学难以达到预期的教学效果。例如，学生在网络讨论、协作学习和项目实践等方面的表现，往往无法在传统的评价体系中得到充分的体现。

最后，信息化教学评价体系缺乏对学生创新和实践能力的有效评价。在信息化时代，创新和实践能力成为衡量人才的重要标准，但传统的评价体系却很难对这两个方面进行有效的评价。在信息化教学的评价体系中，我们也不难发现对学生创新和实践能力的评价存在明显的缺失。这种缺失不仅影响了对学生全面能力的评估，也阻碍了信息化教学在培养学生创新和实践能力方面潜力的发挥。信息化教学评价体系对学生创新和实践能力的评价缺失是一个亟待解决的问题。通过明确评价目标、丰富评价方法、加强实践环节和注重过程评价等策略，我们可以更好地评估学生的创新和实践能力，进而推动信息化教学的深入发展。

四、思政教学评价方式未体现信息化

随着信息技术的普及和迅猛发展，教育领域也迎来了前所未有的变革。然而，在思政教学评价领域，信息化建设的步伐似乎稍显滞后，存在传统评价方式占主导，信息化元素缺失，以及缺乏有效的在线评价工具和方法等问题，未能充分展现信息化教学评价方式在提高教学评价效率、增强评价公正性等方面的巨大潜力。

（一）传统评价方式占主导，信息化元素缺失

在当前的思政教学评价中，传统评价方式仍然占据主导地位，而信息化元素的应用则相对缺失。在评价内容方面，传统的评价方式往往侧重于学生对知识的掌握程度，主要通过笔试、问答等考核方式来实现。这种方式在一定程度上能够量化学生的学习成果，便于教师进行教学评估和比较。然而，在信息化时代，社会对学生的要求已经发生了深刻的变化。学生不仅需要具备扎实的知识基础，还需要具备良好的思维能力、情感态度和价值观念。因此，传统的评价方式已经显得过于单一和片面，无法全面反映学生的综合素养。在评价方式方面，传统评价通常采用人工评分、纸质记录等方式，效率低下且容易出错。而信息化评价则可以利用计算机、网络等技术手段，实现自动化评分、数据实时更新等功能，大大提高了评价效率和准确性。在评价反馈方面，在信息化教学背景下，教学评价要合理使用信息技术分析数据或实现可视化呈现，以便为学生提供更为详细和个性化的反馈，帮助学生更好地了解自己的学习情况并进行针对性改进。然而，许多思政教师依然采用传统评价反馈方式，根据学生考试成绩或者等级进行反馈，使学生很难从中获取具体的改进建议。

（二）缺乏有效的在线评价工具和方法

在思政信息化教学中，有效的在线评价工具和方法对于提升教学质量、评估学生学习效果至关重要。然而，当前很多思政信息化教学实践却面临着缺乏有效在线评价工具和方法的问

题。具体表现如下：一方面，评价工具缺乏针对性。目前很多在线评价工具都是通用的，并没有特别针对思政教学的特点和需求进行设计。思政教学涉及的内容广泛，包括政治理论、思想道德、法律法规等，需要更加细化和具体的评价指标来衡量学生的学习效果。然而，现有的在线评价工具往往无法满足这一需求，导致评价结果不够准确和全面。另外，思政教学与其他学科教学在目标、内容和方法上都存在显著差异。因此，在线评价工具应该能够反映这些特殊性，包括对学生的思想观念、政治觉悟、道德品质等方面的评价。然而，现有的在线评价工具往往缺乏这方面的设计，无法有效衡量学生在思政学习中的全面表现。另一方面，评价方法单一。目前的在线评价方法大多采用定量评价的方式，如选择题、填空题等客观题型的测试。虽然这种方式便于统计和分析，但无法全面反映学生的思想观念、政治觉悟等主观方面的内容。因此，这种单一的评价方法容易导致评价结果的片面性和不准确性。因此，除了定量评价外，在线评价还应该采用定性评价、过程性评价等多种方式。定性评价可以更加深入地了解学生的思想观念和政治觉悟，过程性评价则可以关注学生的学习过程和方法。然而，现有的在线评价方法往往缺乏这些多元化的评价方式，无法全面、准确地评价学生的思政学习效果。

（三）未建立完善的信息化制度保障体系

思政教学信息化评价作为一种新型的评价方式，其核心理念在于利用现代信息技术手段，对思政教学的过程、效果等进行全面、客观、科学的评价。然而，尽管思政教学信息化评价具有诸多优势，但在实际运行中，我们不难发现其尚不具有完善的制度保障体系，这在一定程度上制约了其功能的发挥和价值的实现。信息化制度保障体系是思政教学信息化评价得以顺利运行的基础和保障。一个完善的信息化制度保障体系能够确保评价活动的有序进行，提高评价结果的公正性和客观性，从而为思政教学的改革与发展提供有力的支持。具体而言，信息化制度保障体系包括评价标准、评价流程、评价监督等多个方面，这些方面相互关联、相互制约，共同构成了思政教学信息化评价的制度框架。信息化制度保障体系不完善的具体表现如下：一方面，缺乏明确的信息化评价标准和规范。目前，关于思政教学评价的信息化标准和规范尚未形成统一体系，导致评价者在开展信息化评价时缺乏明确的依据和指导。这不仅影响了评价的公正性和客观性，也限制了信息化评价的发展和应用。另一方面，缺乏相应的激励和约束机制。由于制度保障体系的缺失，思政教学信息化评价往往缺乏相应的激励和约束机制。这导致评价者缺乏参与信息化评价的积极性和热情，同时评价结果也难以得到应有的重视和应用，造成信息化评价在思政教学中的作用无法得到充分发挥。除此之外，信息化制度保障体系还存在监督和管理机制的不健全的问题。由于思政教学信息化评价涉及大量数据的采集、处理和分析，如果缺乏健全的监督和管理机制，就容易出现数据失真、评价不公等问题，导致信息化评价的可信度和有效性受到质疑。

第四章　思政教学与信息化教学融合实践策略

第一节　优化信息化教育资源，提高信息化教学频率

一、开发高质量、多样化的信息化思政教育资源

随着信息技术的飞速发展，教育领域迎来了前所未有的变革。信息化教育资源，尤其是信息化思政教育资源的开发与利用，已成为推动思政教育工作创新、提高思政教育效果的重要途径。面对技术挑战、内容挑战和资源整合挑战，我们应明确资源开发的目标与原则、深入挖掘思政课程的内涵与价值，以及运用多样化的信息化手段与技术等，以推动信息化思政教育资源的开发和利用工作不断取得新的进展和成果。

（一）明确资源开发的目标与原则

在信息化时代背景下，思政教育资源的开发与应用已成为推动思政教育改革创新、提升教学质量的重要手段。明确信息化思政教育资源开发的目标与原则，对于确保资源开发的针对性和实效性，具有重要意义。开发信息化思政教育资源的首要任务是确立清晰的目标和原则。

在目标方面，我们应聚焦于提升学生的思政素养，包括培养学生的社会责任感、国家认同感，以及正确的世界观、人生观和价值观。通过信息化思政教育资源的有效利用，我们期望学生能够更好地理解和践行社会主义核心价值观。

首先，提升教学质量。信息化思政教育资源开发的首要目标是提高思政教学的质量和效果。通过引入先进的技术手段和丰富的教育资源，激发学生的学习兴趣，提高学生的学习参与度，从而增强思政教学的吸引力和影响力。

其次，促进学生全面发展。思政教学不仅仅是传授知识，更重要的是培养学生的道德观念、价值观念和人生观念。信息化思政教育资源开发应关注学生的个性发展和全面成长，通过提供多样化、个性化的学习资源，满足不同学生的学习需求，促进学生的全面发展。

最后，推动思政教育改革创新。信息化思政教育资源开发应成为推动思政教育改革创新的重要力量。我们应通过引入新的教学理念和方法，创新教学方式和手段，打破传统思政教学的局限，推动思政教学向更加科学、高效的方向发展。

在原则方面，科学性、多样性、互动性、实用性和创新性是我们应遵循的五大准则。科学性要求资源内容准确、客观，符合思政教育的学科规律；多样性旨在激发学生的学习兴趣，让他们在学习过程中感受到乐趣，以满足学生的个性化学习需求；互动性强调资源的交互性，鼓励学生积极参与、主动思考；实用性则注重开发符合教学实际需求的资源，提高资源的使用价值和效果；创新性更强调关注时代发展和科技进步对思政教学的影响，引导学生形成正确的思想观念。

第一，科学性原则。信息化思政教育资源开发应遵循科学性原则，确保资源的准确性和权威性。在资源开发过程中，应充分考虑思政教育的特点和要求，结合学科知识和学生实际，科学设计教学内容和形式，避免误导学生或产生不良影响。

第二，多样性原则。信息化思政教育资源开发应注重多样性，提供丰富多样的教育资源供学生选择和学习。不同学生的学习需求和兴趣点不同，资源开发应充分考虑学生的差异性，提供不同形式、不同难度、不同内容的教育资源，以满足学生的个性化学习需求。

第三，互动性原则。信息化思政教育资源开发应强调互动性，通过引入互动环节和交互功能，激发学生的学习兴趣和积极性。在资源开发过程中，应注重学生的参与和反馈，鼓励学生发表自己的观点和看法，促进学生的思考和交流，提高学习效果。

第四，实用性原则。信息化思政教育资源开发应注重实用性，确保资源能够在实际教学中得到广泛应用和有效使用。在资源开发过程中，应充分考虑教学的实际情况和需求，结合教师的教学风格和学生的学习特点，开发符合教学实际需求的资源，提高资源的使用价值和效果。

第五，创新性原则。信息化思政教育资源开发应坚持创新性原则，不断探索新的教学理念和方法，创新教学方式和手段。在资源开发过程中，应关注时代发展和科技进步对思政教学的影响，积极引入新技术、新应用和新模式，推动思政教学的创新和发展。

（二）深入挖掘思政课程的内涵与价值

思政课程作为培养学生思想道德素质和社会责任感的重要载体，其内涵与价值远不止于表面的知识传授。它深入挖掘了人类社会的道德伦理、政治观念、历史传统等深层次的文化内涵，为学生提供了全面、系统、深入的思想教育。思政课程的内涵在于其广泛性和深度。它不仅仅涵盖了政治理论、道德伦理等基础知识，更重要的是，它可以引导学生思考人生、探索社会、认识自我。通过思政课程的学习，学生可以了解社会的运作机制，理解人与人之间的关系，形成正确的价值观和世界观。思政课程的价值在于其对于个人成长和社会发展的推动作用。思政课程能够培养学生的道德情感、政治觉悟和社会责任感，使他们在面对复杂多变的社会环境时能够保持清醒的头脑和正确的方向。同时，思政课程还能够激发学生的创造力和创新精神，帮助他们更好地适应未来的社会发展。

思政课程不仅是一门传授知识的学科，更是一门塑造灵魂、引领方向的课程。因此，在开发信息化思政教育资源时，我们必须深入挖掘思政课程的内涵与价值。这包括政治认同、家国情怀、道德修养、法治意识、文化素养等多个方面。政治认同是学生对国家政治制度、政治道路、政治理论等的认同和接受程度；家国情怀体现为学生对家庭、家乡、国家的深厚情感；道德修养涵盖了学生的道德品质、行为习惯等方面；法治意识则是学生对法律法规的尊重和遵守程度；文化素养则反映了学生的文化知识水平和审美素养。将这些内涵与价值和信息化手段相结合，我们可以打造出具有时代特色、贴近学生实际的信息化思政教育资源。例如，通过多媒体技术展示国家历史、文化、发展成就等，增强学生的国家自豪感和归属感；利用网络技术开展在线讨论、互动问答等，培养学生的批判性思维和表达能力；借助虚拟现实技术模拟真实场景，让学生在亲身体验中提升道德修养和法治意识。

因此，思政课程不仅仅是一门学科，更是一种教育理念和育人方式。它深入挖掘了人类社会的文化内涵，为学生提供了全面的思想教育，对于个人成长和社会发展都具有重要意义。它通过传授社会主义核心价值观和道德规范，引导学生树立正确的价值导向和行为准则，为社会培养出具有高尚品德、坚定信念和奉献精神的人才。

（三）运用多样化的信息化手段与技术

随着信息技术的不断发展，互联网、大数据、人工智能等新技术在各个领域得到了广泛应用，为思政教学提供了丰富的资源和手段。这些信息化手段与技术不仅能够丰富教学内容，还能够提高学生的学习兴趣和参与度，使思政教学更加生动、有趣、有效。

首先，在开发信息化思政教育资源时，我们应充分运用多样化的信息化手段与技术，以打造生动、形象、有趣的教育资源。多媒体技术是最常用的手段之一，它可以将文字、图片、音频、视频等多种元素融合在一起，形成丰富多彩的教学内容，将抽象的理论知识以图像、动画、声音等多种形式呈现给学生，使教学内容更加直观、生动。在思政教学中，教师可以利用多媒体教学技术，将历史事件、政治现象等通过图像、视频等方式展示给学生，激发学生的学习兴趣和想象力。例如，我们可以制作包含图片、动画和声音的 PPT 课件，或者录制讲解视频，使学生更直观地理解思政知识。

其次，网络技术则为思政教育提供了更广阔的空间。互联网是一个海量的信息资源库，思政教师可以利用互联网搜索、筛选、整合与思政课程相关的优质教育资源，如视频、音频、图片、文章等，为教学提供丰富的素材。我们可以建立在线教育平台，提供丰富的在线课程资源，让学生随时随地进行学习。通过网络技术，教师与学生还可以实现实时互动和讨论，增强学生的学习参与感和体验感，提高教学效果。例如，教师可以设置在线讨论区或微信群组，鼓励学生发表自己的观点和看法，并及时给予反馈和指导。

再次，虚拟现实技术也为思政教育带来了全新的可能性，虚拟现实技术能够模拟真实的环境和场景。通过虚拟现实技术，我们可以模拟真实的历史场景或社会情境，让学生在虚拟环境中进行角色扮演和体验学习，为学生提供沉浸式的体验。这种沉浸式的学习方式不仅可以激发学生的学习兴趣和积极性，还可以帮助他们更深入地理解思政知识的内涵和价值，加深对相关知识的理解和记忆。例如，我们可以利用虚拟现实技术模拟红军长征的艰苦环境，让学生亲身体验长征的艰辛和伟大，感受革命先烈的伟大爱国主义精神。

最后，还要加强大数据分析在思政教学中的应用及人工智能辅助思政教学的应用。大数据分析技术能够对学生的学习行为、成绩等数据进行分析，为思政教学提供精准的教学反馈和决策支持。通过分析学生的学习数据，教师可以了解学生的学习情况和需求，发现学生的学习难点和疑惑点，为教学提供有针对性的指导，形成个性化的教学计划和策略，提高思政课堂教学效果。同时，要强化人工智能辅助思政教学的应用。目前，人工智能技术在思政教学中具有广泛的应用前景。例如，智能教学系统可以根据学生的学习情况和需求自动推荐适合的学习资源和课程；智能评价系统可以对学生的学习成果进行自动评分和反馈；智能问答系统可以为学生提供实时在线的答疑解惑服务等。这些应用不仅能够提高思政教学的智能化水平，还能够为学生提供更加便捷、高效的学习体验。

二、建立动态更新机制，确保教育资源与时俱进

信息化教学在当今时代扮演着举足轻重的角色，它不仅拓展了教学的方式和手段，还使得思政教育内容能够紧跟时代步伐，与时俱进。教育资源是实现信息化教学与思政教学融合的基础，建立动态更新机制，确保资源与时俱进，是实现信息化教学与思政教学融合的关键。为确保信息化思政教育资源能够持续更新，满足学生的学习需求，建立动态更新机制显得尤为重要。

首先，学校应做好顶层设计工作。学校应在国家的大力支持下，成立专门的信息技术中心，组建一支信息化教学与思政

教学融合的工作团队，加强师资队伍建设。该工作团队应具备扎实的计算机技能、良好的信息技术应用能力，确保能够充分发挥信息化教学与思政教学融合的优势，同时为相关部门提供高效、优质、专业的信息技术支持。他们的素质和能力直接影响着教学效果。同时，我们还需要积极引进信息技术方面的优秀人才，充实思政教学队伍，为思政教育的创新和发展提供有力的人才保障。

其次，学校应做好信息化教学与思政教学融合资源库建设工作。学校应以思政课程建设为核心，以"课程思政"为导向，加大对思政教学内容的持续关注和及时调整，积极开发优质课程资源和优秀课程教学资源。同时，学校应建立教育资源动态更新机制，确保教育资源能够充分应用到日常教学中，满足学生学习需求。通过对学生的学习反馈进行分析，了解他们的学习需求和困惑，进一步优化教学内容和方式，确保思政教学能够贴近学生实际，增强教学效果。

最后，学校应做好学生学习情况评价工作。学校应加强学生综合素质评价体系建设，构建完善的信息化教学与思政教学融合评价机制，将学生学习情况作为评价内容之一，提升学生的信息化教学与思政教学融合质量。随着信息技术的不断发展以及社会信息化程度的不断提高，学生获取教育资源的渠道也逐渐增多。在这种形势下，教师应充分利用信息化教学与思政教学融合优势，加强对学生信息素养、网络安全、网络道德等方面的教育和引导。同时，教师还应充分发挥自身在信息技术方面的优势作用，将多媒体、网络、数据库等现代教育技术手段融入日常教学，利用大数据、云计算等技术手段，对思政教育资源进行整合和优化，形成一个全面、系统、高效的资源平台。通过该平台，教师可以方便地获取最新的教育资源，进行个性化教学；学生也可以根据自己的兴趣和需求，自主选择学习内容，实现自主学习，从而让学生在更大程度上感受信息化教学与思政教学融合的魅力。

三、构建统一的资源平台，提高资源利用率

在信息化时代背景下，构建统一的思政教学资源平台对于提高资源利用率具有重要意义。这样的平台不仅能够整合和共享优质的信息化思政教育资源，还能促进教育资源的优化配置，从而提高思政教学的效率和质量。而信息技术在思政教学中的应用，使得思政课程的教学环境得到了极大的优化，使思政课程在教育教学过程中更具趣味性和吸引力，从而促进学生积极参与到思政课程的学习中，提高了学生对思政课程学习的积极性。与此同时，信息技术对教育资源的整合与共享，使得思政课程教学内容更加丰富，大幅提升了教学效率和质量。但目前许多学校存在着资源重复建设、信息孤岛等问题，导致信息化思政教育资源利用率较低。因此，在实践过程中，教师应积极构建统一的资源平台，提高资源利用率，为思政教学与信息化教学的融合提供有效的保障。

首先，教师应在学校信息化管理部门的指导下，构建统一的资源平台。在建立统一的资源平台之前，教师应对学校现有教育资源进行整合、优化与重组。通过将现有信息化教育资源与思政教学相结合，并加以整合、优化和重组，为思政教学与

信息化教学融合提供有效保障。而建立统一的资源平台能够打破信息孤岛，实现资源的共享与互通。通过平台，教师可以方便地获取到丰富多样的思政教育资源，如课件、教案、视频、案例等，避免了资源的重复开发和浪费。同时，学生也能够根据自己的学习需求，在平台上自主选择学习内容和资源，实现个性化学习。这种资源的共享与互通，不仅提高了资源的利用率，也促进了资源的优化配置。

其次，教师应充分利用网络技术开展课程思政建设工作。在信息技术支持下，教师可通过网络技术建立思政课程资源库、课程资料库、考试题库等。通过这些资源库建设工作的开展，可以进一步丰富思政课程教学内容，提高教师教学能力和水平。同时，建立统一的资源平台还能够促进思政教育的创新与发展。平台不仅可以汇聚来自各地的思政教学专家和优秀教师，共同研究和探讨思政教育的最新理念和教学方法，而且也可以成为思政教学成果的展示和交流平台，让更多的人了解思政教学的最新进展和成果。这样的平台不仅能够推动思政教学的创新与发展，也能够提升思政教学的社会影响力和价值。

最后，教师应注重发挥自身的主导作用。教师是整个信息化教学过程中的核心主体之一。因此，教师应转变自身角色定位，加强对信息化教学模式的创新和探索，提升自身信息化应用能力，发挥自身在信息化教学过程中的主导作用。统一的资源平台能够提升思政教学的互动性和参与性。平台不仅可以提供在线学习、交流讨论、作业提交等功能，而且使思政教学不再局限于传统的课堂教学，而是可以通过网络空间进行延伸和拓展。在这样的平台上，教师可以与学生进行实时互动，了解学生的学习情况和需求，及时调整教学策略；学生也可以通过平台与其他同学进行交流讨论，分享学习心得和体会，增强学习的主动性和积极性。同时，教师应不断更新自身知识储备、提升自身信息素养、强化对学生的思想政治教育工作等。在思政教学与信息化教学融合过程中应坚持以学生为中心、以教师为主导、以信息化为手段、以立德树人为目标、以课堂为阵地等原则。

总之，构建统一的信息化思政教育资源平台是提高资源利用率的重要举措。通过平台的建设和应用，我们可以实现资源的共享与互通，提升教学的互动性和参与性，促进教学的创新与发展，从而推动思政教学向更高水平发展。

第二节　提高学生对信息化思政教学的接受度

一、加强对学生的信息化教育，提升信息化综合素养

（一）开设信息化基础课程，培养学生使用信息技术的基本技能

当今，信息技术已经渗透到我们生活的方方面面，成为推动社会进步和发展的重要力量。开设信息化基础课程，培养学生使用信息技术的基本技能，是一项至关重要的教育举

措。而思政教育要想实现创新发展，首先要培养学生的信息意识和信息素养，以提高学生的信息获取、加工和利用能力。为提升学生的信息素养，学校可以通过开设信息化基础课程的方式，对学生进行信息化知识教育和信息化技能培训。让学生掌握信息技术的基本技能，不仅能够帮助他们更好地适应社会发展的需求，还能为他们未来的学习和工作奠定坚实的基础。

首先，增加信息技术基础课程的比例。学校可以通过开设一些信息化基础课程，来提高学生使用信息技术的能力，提升学生的信息意识和信息素养。学校开设信息化基础课程可以为学生提供系统化的学习路径。信息技术是一个广泛而复杂的领域，包括计算机基础操作、网络应用、数据处理、多媒体制作等多个方面。通过系统的课程学习，学生可以从基础到进阶，逐步掌握这些技能，形成完整的信息技术知识体系。例如，在《多媒体技术与应用》这门课程中，教师可以通过多媒体课件、视频、动画等多媒体技术手段向学生介绍多媒体的相关知识及在思政教育中应用的实际案例，帮助学生了解多媒体在思政教育中的应用，让学生可以学会如何有效地获取信息、评估信息的价值、合理地利用信息，从而在面对海量的信息时能够做出正确的决策。

其次，通过信息技能培训来提高学生使用信息技术的能力。信息化基础课程还能够培养学生的创新精神和实践能力。信息技术的发展日新月异，新的应用和技术层出不穷。通过课程培训，不仅可以提高学生使用信息技术的能力，而且还可以使学生接触到最新的技术趋势和应用案例，激发他们的创新灵感和创造力。在实践操作和项目实践中，学生可以将所学知识应用于实际问题中，锻炼自己的实践能力和解决问题的能力。与此同时，学校可以通过组织开展信息素养教育活动来提升学生使用信息技术的能力，如在"网上团校""网上思政"等网络活动中，让学生掌握利用信息技术进行交流沟通、收集信息、表达思想等基本技能。

（二）举办信息化技能竞赛，提升学生信息技术运用能力

信息技术在思政教育中的应用，离不开信息化技能的支持。举办信息化技能竞赛是提升学生信息技术运用能力的一种有效手段。这样的竞赛不仅能够激发学生的学习兴趣，还能够通过实际操作和应用，让学生更深入地理解和掌握信息技术知识，从而提升他们的信息技术运用能力。

首先，信息化技能竞赛为学生提供了一个展示自我、锻炼能力的平台。通过组织开展信息化技能竞赛，吸引学生参加比赛，让学生在竞赛中检验自己的信息技术运用能力。信息化技能竞赛可以有效提升学生对信息技术的综合运用能力。信息化技能竞赛是以现代教育技术手段为依托，面向全体在校学生开展的一项创新性教学活动。它以信息技术知识为基础，通过学生自主学习、教师指导、小组讨论、总结交流等环节来完成信息化技能竞赛任务。通过举办信息化技能竞赛，不仅可以检验学生在思政教育方面的信息技术应用能力，还能够激发学生的学习兴趣和创新意识，引导学生掌握更多的信息技术知识和技能，进一步提高学生综合运用信息技术解决实际问题的能力。

例如，在"微视频"制作比赛中，学生可以通过自主学习掌握视频剪辑、特效制作等技能，进一步提高创新能力和审美素养。

其次，信息化技能竞赛能够激发学生的学习兴趣和动力，促进学生之间的交流和合作。竞赛往往具有竞争性和挑战性，能够激发学生的斗志和求知欲。在竞赛中，学生会更加投入地学习信息技术知识，努力提升自己的能力水平，以便在竞赛中取得好成绩。这样的过程不仅能够提升学生的学习效率，还能够培养他们的竞争意识和团队合作精神。在信息化技能竞赛中，学生需要与来自不同学校、不同背景的同学进行交流和合作，共同完成任务和解决问题。这样的过程不仅能够让学生拓宽视野、增长见识，还能够培养他们的沟通能力和协作精神，为未来的学习和工作打下良好的基础。通过这些活动，学生能够熟练掌握各种信息技术，便于其在思政信息化教学过程中合理利用信息技术开展深入学习，从而更好地掌握与理解思政知识。

二、利用大数据等技术分析学生需求，实现精准信息化思政教学

（一）收集与分析学生学习数据

1. 使用学习管理系统跟踪学生学习进度

随着信息技术的快速发展，学习管理系统在思政教学中的应用逐渐展现出独特的优势，特别是在跟踪学生学习进度方

面。学习管理系统是一种个性化的、高效的在线学习平台，它将学习内容、进度和评估等核心要素紧密集成，为教师和学生搭建了一个实时互动与反馈的桥梁。

首先，学习管理系统能够全面记录学生的学习行为。在思政教学中，教师可以通过学习管理系统为学生分配学习任务、发布课程资料及设计互动练习。学生的学习进度、作业完成情况、在线学习时间等数据都会被系统自动记录，为教师提供了详尽的学习数据报告。通过这些数据，教师可以清晰地了解每位学生的学习情况，为后续的教学安排和个性化辅导提供依据。借助这一系统，教师能够轻松地掌握学生在思政课程中的每一个学习环节，从而更加精准地指导他们的学习。该系统能够详细记录每位学生的登录时间、累计学习时长及所完成的各项课程任务等核心信息，从而全面反映学生的学习状况。这些数据不仅展示了学生是否紧密跟随教学步伐，还揭示了他们对各个知识点的掌握深度和广度。

其次，学习管理系统能够实时反馈学生的学习效果。在思政教学中，学生的学习效果往往需要通过考试、作业及课堂表现等多种方式来评估。学习管理系统能够自动批改作业、记录考试成绩，并生成学习分析报告，及时反馈学生的学习效果。同时，教师也能凭借这些宝贵的数据洞察，有针对性地进行教学策略的优化调整，以更好地满足学生的学习需求。比方说，当教师察觉到某位学生的学习进度显著落后时，他们可以借助教学平台来汇集并剖析该学生的学习数据。通过这样的分析，教师能够更准确地识别学生在学习过程中遇到的具体挑战和难题。教师还可以利用学习管理系统中的在线答疑、作业批改及互动讨论等功能，使得师生之间的沟通交流更加便捷和高效。学生之间也可以通过学习管理系统进行互动学习，分享学习心得和经验，形成浓厚的学习氛围。

最后，学习管理系统还能够为学生提供个性化的学习路径。在思政教学中，学生的学习需求和兴趣点各不相同。学习管理系统能够根据学生的学习数据和行为习惯，智能推荐适合学生的学习资源和学习计划。教师可以根据学习管理系统的提示，为学生提供针对性的额外学习资料，并对学习难点进行详尽的解释和指导。为了巩固学生的理解，教师还会布置相关的练习题目，旨在帮助学生逐步克服学习障碍，确保他们能够对课程内容有深入透彻的把握。

2. 利用大数据分析技术掌握学生学情

在教育领域，大数据分析技术正逐渐发挥着越来越重要的作用。通过收集学生在在线学习、课堂互动及作业完成等多方面的数据，并进行深度挖掘与分析，教师可以获取极为宝贵的信息。这些信息不仅能够助力教师更全面地掌握学生在思政学习上的实际状况，还能揭示出每个学生的学习特性及可能遇到的难题，为思政教学注入新的活力。

首先，大数据分析技术能够全面、系统地收集学生的学习数据。通过学生在线学习平台、作业提交系统、课堂互动工具等多个渠道，教师可以获取包括学习时间、学习频率、学习偏好、作业完成情况、课堂参与度等在内的多维度数据。这些数据为教师提供了丰富的信息，帮助他们更加全面地了解学生的学习状况。因此，大数据分析技术在提升教育质量和个性化教学方面展现出了巨大的潜力。例如，通过分析在线学习平台上学生的行为数据，教师可以洞察学生对不同思政议题的喜好程度。当学生对某个话题充满兴趣时，他们在这个话题上的学习时间、互动次数等数据通常会表现得比较突出；相反，若学生对某个话题感到乏味或难以理解，这些数据指标则会相对较低。这种数据分析为教师提供了有力的工具，以洞察学生的兴趣点和理解障碍，从而为教师调整教学内容和教学方法提供了重要参考。根据学生的兴趣偏好，教师可以采取更加灵活和针对性的教学策略。对于那些能吸引学生的话题，教师可以通过引导学生参与讨论、开展相关实践活动等方式来进一步调动学生的热情和探索欲望；而对于那些难以激发学生兴趣或容易造成困惑的话题，教师需要寻求更加生动、更加清晰易懂的讲解方法，帮助学生突破学习障碍，提高学习的效果和质量，促进思政教学个性化发展。

其次，大数据分析技术能够对海量数据进行深度挖掘和分析。通过运用先进的算法和模型，教师可以发现数据之间的关联性和规律，从而揭示学生的学习特点和需求。例如，教师可以分析学生的学习时间分布，了解他们在不同时间段的学习效率；可以分析学生的作业完成情况，找出他们普遍存在的困难和问题；还可以分析学生的课堂参与度，评估他们对思政课程的兴趣和热情。在掌握了这些数据和分析结果后，教师可以更加精准地把握学生的学习状况，为他们提供更加个性化的教学方案。对于学习困难的学生，教师可以根据他们的具体情况，制订有针对性的辅导计划，帮助他们克服困难；对于学习优秀的学生，教师可以为他们提供更加深入的学习资源，激发他们的学习潜力。此外，大数据分析技术还能够为思政教学的评估和改进提供有力支持。通过对学生的学习数据进行分析和比较，教师可以评估不同教学策略和方法的效果，找出其中存在的问题和不足，从而进行有针对性的改进。这样，教师可以不断提高思政教学的质量和效果，为学生的全面发展提供更加坚实的保障。

（二）关注学生的个体差异，实现精准教学

在精准教学方面，思政信息化教学应深入关注学生的个体差异。教师应运用大数据、人工智能等现代信息技术手段，全面收集并分析学生的学习习惯、兴趣爱好、认知水平和能力结构，为每个学生绘制精准的学习画像。

首先，思政信息化教学通过引入先进的技术手段，使得教学方式更加多元化和个性化。在传统的教学模式中，教师往往难以兼顾每个学生的个体差异，而信息化教学则能够利用大数据、人工智能等技术，精准地分析学生的学习特点和需求，为每个学生量身定制教学方案。在此基础上，教师应设计差异化的教学目标、内容和方法，提供个性化的学习路径和资源，以满足不同学生的学习需求。

其次，思政信息化教学关注学生的个体差异，是实现精准教学的基础。每个学生都有自己独特的认知方式、学习风格和兴趣爱好，这些差异会影响他们对思政知识的理解和接受程度。因此，在思政教学中，我们需要尊重学生的个性差异，关注他们的学习需求和兴趣点，以便为他们提供更有针对性的教学内容和教学方法。通过思政信息化教学，教师可以实现精准教学的目标。具体来说，教师可以通过在线学习平台收集学生

的学习数据，包括学习进度、作业完成情况、课堂互动等，这些数据可以帮助教师对学生的学习情况进行全面而深入的了解。基于这些数据，教师可以分析学生的学习特点和需求，为他们制订个性化的学习计划和教学策略。同时，教师还可以利用在线学习资源，为学生提供多样化的学习材料，以满足他们的不同需求。

最后，建立一个实时反馈的学习机制也至关重要。通过持续追踪学生的学习进度，教师可以及时调整自己的教学方法，确保教学始终与学生的学习步伐保持同步。这种精准的教学方式不仅能够显著提高思政教育的针对性和效果，还能够促进学生的整体发展。思政信息化教学关注学生的个体差异，是实现精准教学的重要途径。通过引入先进的技术手段、关注学生的个性差异、实现精准教学和促进师生有效互动等方式，不仅可以提高思政教学的针对性和实效性，也为学生的全面发展奠定了坚实的基础。

三、利用信息技术增加趣味性，提高思政教学的吸引力

思政教学作为学校教育的重要组成部分，对于培养学生树立正确的世界观、人生观和价值观具有至关重要的作用。然而，传统的思政教学方式往往枯燥乏味，难以引起学生的兴趣，导致教学效果不佳。因此，如何利用信息技术增加思政教学的趣味性，提高其吸引力，已成为当前思政教学改革的重要课题。

（一）丰富教育资源与内容

关于利用信息技术增加思政教学的趣味性，提高其吸引力的方法，我们可以从开发多媒体教材和案例库及整合网络资源和实时新闻事件两个方面进行详细论述。

1. 开发多媒体教材和案例库

多媒体教材结合了文字、图片、音频和视频等多种元素，能够生动形象地展示思政教学内容。通过制作富有创意和趣味性的多媒体教材，教师可以激发学生的学习兴趣，提高思政课堂的吸引力。而融合文字、图像、声音及动态影像的多媒体教材，也为思政教育注入了新的活力。这类教育资源的内容丰富多彩，能够直观且深入地展现思政知识的内涵。因此，思政教师可以开发与设计富有新意和吸引力的多媒体教育资源，有效地点燃学生的学习热情，进而提升思政课程的魅力，使之更加引人入胜。

除此之外，案例库作为思政教学的重要资源，教师可以通过对案例库中真实案例进行分析和讨论，帮助学生更好地理解理论知识，提高分析和解决问题的能力。所以，开发思政教学案例库，可以为学生提供丰富多样的案例资源，让学生在分析案例的过程中加深对思政理论的理解和认识。同时，案例库还可以根据时代的发展和社会的变化不断更新和完善，保持与时俱进，确保教学内容的时效性和实用性。以"法律在教师身边"为例，教师可以利用生动有趣的漫画、动画或短视频等多媒体资源，将法律知识以寓教于乐的方式呈现给学生。这些视觉材料不仅能够吸引学生的注意力，还能在无形中加深他们对法律的理解。同时，教师还可以搜集和整理相关的实际案例，构建一个内容丰富、形式多样的案例资源库，然后在课堂引入案例，引导学生分析与探究这些案例，使学生能够更加深入地领会法律的精神，有效提升他们的法律意识与法律素养。

2. 整合网络资源和实时新闻事件

对网络资源和实时新闻事件的整合，不仅丰富了思政教学内容，更提升了学生的学习体验和深度。网络资源的丰富性和实时更新性为思政教育注入了新的活力。教师可以通过精心筛选和有效整合这些资源，将政治动态、社会焦点和科技前沿等内容有机融入思政教学中，使课程内容更加与时俱进，更富有趣味性。以"维护国家利益"主题为例，教师可以借助搜索引擎、社交媒体等网络工具，广泛搜集与主题相关的图片、视频、文章等多样化素材，这些素材可以涵盖历史背景、专家解读及社会舆论等多个层面。通过在课堂上展示这些生动实例，教师能够帮助学生深入理解国家利益的深刻含义和重要性，同时探讨和明确维护国家利益的多种方法和途径。

除此之外，实时新闻事件是展现当下社会、政治、经济及文化等领域发展状况的关键信息窗口，实时新闻事件的引入为思政教学增添了时效性和针对性。将这类新闻，诸如涉及国家安全、外交关系等议题的内容，融入思政教育课堂，能够使学生深切体会课程内容与现实世界的紧密相连。借助这些鲜活的新闻案例，教师可以点燃学生的学习激情，唤醒他们的爱国情怀。通过对这些事件的深入剖析，能帮助学生更深刻地理解国家利益与个人利益的交织关系，从而在日常生活中自觉肩负起维护国家利益的使命。同时，实时新闻事件作为社会发展的重要反映，具有极强的时效性和针对性。在思政教学中，教师可以根据实时新闻事件的发展变化，及时调整教学内容和方式，引导学生关注社会现实、思考社会问题。例如，针对某个重大社会事件或热点问题，教师可以组织学生进行课堂讨论或辩论，让学生在交流互动中深化对问题的认识和理解。这种教学方式不仅能够培养学生的批判性思维和独立思考能力，还能够帮助学生形成正确的世界观、人生观和价值观。

因此，开发多媒体教材和案例库及整合网络资源和实时新闻事件等教育资源，可以使思政教学更加生动、具体、有趣，从而激发学生的学习兴趣和参与度，提高他们的思政素养和综合素质。

（二）创新教学方式方法

1. 构建教学情境，营造轻松愉悦的学习环境

在思政课程的教学中，利用信息技术构建生动逼真的教学情境，对激发学生的学习热情至关重要。这种情境教学法能帮助学生更直观、更深入地领会知识。教师可以通过多媒体工具，如图片、视频片段和音频资料等，设计与课程内容紧密相连的场景，使学生在沉浸式的体验中感受思政课程的吸引力。在构建思政教学情境时，教师可以利用信息化手段创设真实的情境，让学生在情境中感受、体验和实践。例如，可以通过模拟新闻发布会、角色扮演等方式，让学生深入了解时事热点，提高分析问题和解决问题的能力。同时，教师通过引导学生关注社会现象、思考人生价值等，可以培养学生的批判性思维和创新能力。

此外，教师也应运用信息技术推动互动式学习，鼓励学生成为教学过程的积极参与者。通过提出问题、组织讨论和角色扮演等多样化的互动形式，学生能够更深刻地理解思政知识。这种互动式的教学方式不仅有助于营造活跃的学习氛围，还能显著提升学生的学习成效。以"创新驱动发展"为例，教师可以巧妙地融合多媒体技术和网络资源，为学生营造出一个鲜活、直观的教学环境。同时，教师结合实际生活，利用科技创新的影像资料构建教学情境，让学生深刻感受科技在推动社会进步中所起的重要作用，并鼓励学生探讨科技创新对日常生活的影响，引导他们思考如何培养自身的创新能力以应对未来的挑战。这样的教学方式不仅降低了学生对抽象概念的理解难度，更有效地刺激了他们的创新思维和创造力的发展。

因此，利用信息化手段构建思政教学情境，营造轻松愉悦的学习环境是一项具有重要意义的工作。信息化手段的运用可以丰富教学内容、拓宽学生视野、激发学生的学习兴趣和积极性；同时，创设真实的情境和营造轻松愉悦的学习氛围可以提高学生的参与度和学习效果。

2. 引入游戏元素，激发学生学习兴趣

在思政教学中引入游戏元素，是一种创新的教学方式，旨在通过学生喜闻乐见的形式来激发他们的学习兴趣，增强学习的趣味性和互动性。将游戏元素融入教学已成为现代教育的一种流行做法。在思政课程的信息化教学中，采用游戏化的教学方法能够有效地吸引学生的注意力，并提升他们的学习热情。教师可以根据课程内容，巧妙地设计一系列富有教育意义的游戏，如角色扮演游戏、互动问答游戏或挑战关卡游戏等，使学生在轻松愉快的氛围中吸收新知识、掌握新技能。以"创新驱动发展"主题为例，教师可以创造一个名为"创新大挑战"的游戏。在这个游戏中，每个关卡都围绕一个与创新紧密相关的概念或问题展开。学生需要运用他们的知识和技能来解答问题或完成挑战，以便顺利通关并获得奖励。这种寓教于乐的方式不仅能够极大地提高学生的学习兴趣，还能确保他们在享受游戏的过程中牢固地掌握所学习的内容。

引入游戏元素能够促进学生之间的合作与交流。在游戏中，学生通常需要与同伴合作完成任务，这有助于培养他们的团队合作精神和沟通能力。同时，通过游戏过程中的互动和讨论，学生可以更深入地理解课程内容，加深对知识点的记忆和理解。此外，引入游戏元素还能够提高思政教学的实效性。在游戏中，学生可以通过亲身体验和实践来感受思政课程所传达的价值观和思想理念，从而更好地理解和接受这些观念。这种教学方式比传统的讲授式教学更加直观、生动，能够使学生更加深入地理解和掌握知识。

3. 举办线上思政知识竞赛，培养学生竞争意识

举办线上思政知识竞赛是一种富有创意的教学方式，能够有效地点燃学生的学习热情并激发他们的竞争欲望。借助网络平台，教师可以便捷地组织这样的竞赛，设计多样化的题目和吸引人的奖励制度，从而吸引学生积极参与。在这样的竞赛环境中，学生不仅能够充分展示自己所掌握的知识和技能，还能从其他同学身上汲取优点，借鉴经验。在比赛过程中，学生面临着来自同龄人的挑战和竞争，这种压力促使他们更加专注和全力以赴。他们需要在有限的时间内快速思考、准确作答，这种紧张感使他们更加

意识到自己的优势和不足，从而更加努力地提升自己的能力和水平，进而全面提升自己的综合能力和素质。

此外，举办线上思政知识竞赛的优势还在于它能够超越时间和空间的限制，使得更多的学生参与进来，真正实现教育的广泛覆盖和普及。线上思政知识竞赛还促进了学生之间的交流和合作。在准备竞赛的过程中，学生需要相互学习、共同讨论，这种交流过程不仅有助于他们共同提高知识水平，还培养了他们的团队协作能力和沟通技巧。在竞赛中，学生也需要相互支持、鼓励，这种合作氛围让他们更加懂得在竞争中寻求合作的重要性，从而实现共赢。与此同时，线上思政知识竞赛的举办还能够激励学生更加关注对思政学科的学习，使他们能够更加深入地了解思政学科的知识体系和思想内涵，从而激发他们对思政学科的兴趣和热爱。这种兴趣将促使他们在未来的学习中更加投入和专注，不断提升自己的思政素养和综合能力。

（三）利用新媒体技术改进教学方法

第一，微课+智慧课堂教学。在思想政治理论课中引入微课，可以提高课堂教学的针对性。不同的学生具有不同的学习能力和接受水平，所以在思政课堂上，把微课嵌入思政教学中，可以帮助学生查缺补漏。学生可以针对自己对知识点的掌握情况，挑选适合自己的微课视频来查缺补漏，在微课视频中再次学习所学的知识，从而更好地了解所学的知识。微课短小精悍，独立完整，方便嵌入式教学，可以分层次学习，使教学更具个性。以《新时代的青年责任与担当》为例，教师可以将微课与智慧课堂教学相结合，通过案例分析和智慧课堂互动的方式，引导学生深入理解新时代的青年责任与担当，并培养学生的爱国情怀和社会责任感。同时，教师也可以通过情景模拟环节的设计让学生有机会在实践中体验责任与担当的重要性，从而提高学生的实践能力和责任感。

第二，智慧课堂+直播技术。在思政教学过程中，教师要定期开展测验，了解学生对教学内容的掌握情况，对课后难点进行统计、分析，并采用网络直播、在线解答等形式为学生答疑解惑。以《中国传统文化与现代价值观》为例，教师在智慧课堂上利用视频、图片等多媒体资源，将中国传统文化内容以更加直观、生动的方式呈现给学生，增强学生的学习兴趣和记忆效果，还利用直播技术，实现教师与学生、学生与学生之间的实时互动，提高课堂的参与度和活跃度。与此同时，教师可以在直播平台上进行课后辅导和答疑，帮助学生巩固所学知识，提高学习效果，学生也可以通过直播回放功能复习课程内容，加深对知识内容的理解。

第三节　提升思政教师的信息素养

一、更新思政教师教学观念，提升信息化教学的认识

在数字化浪潮席卷全球的今天，教育领域也迎来了前所未有的变革。传统的教学观念与模式，正在被信息化教学的浪潮

所冲刷和重塑。更新教师教学观念，提升信息化教学的认识，已成为当下教育发展的重要课题。在促进思政教学与信息化教学手段紧密结合的过程中，革新教师的教学观念显得至关重要。教师作为教育活动的核心力量，其思维方式和教学方法对学生的学习感受和成果具有决定性的影响。

首先，教师必须采取积极行动，深入学习和熟练运用各类前沿的教育技术手段。教师要充分利用学校提供的丰富的信息化教育资源，如教学软件、在线课程、数字化教材、多媒体制作软件等，在实际教学中提升自身应用信息化手段的能力。同时，教师还要利用多媒体制作软件、网络教育平台及交互式学习应用等教育技术手段，助力突破传统教学模式的束缚，以更加生动和多变的形式传授思政知识，进而有效激发学生的好奇心和求知欲。

其次，学校在推动信息化教学方面，发挥着不可或缺的支持和引导角色。为了提升教师的信息化教学能力，学校应构建一套系统且全面的培训体系，并定期安排教师参与相关的培训和研讨活动。这些活动不仅能让教师接触到前沿的教育理念和教学技巧，还能为他们提供了一个互动交流的平台，使其能够分享各自的教学经验，共同探讨信息化手段与思政教学的最佳融合方式。例如，学校可以定期组织信息化教学培训，邀请专家举办讲座和分享会，帮助教师了解最新的教学趋势和技术应用。此外，学校还可以组织信息化教学比赛、展示活动，激发教师的创新精神和积极性，推动信息化教学的深入发展。

最后，学校应当积极倡导教师之间展开多元化的协作与沟通。这种协作既可以体现在同一学科的教师共同研讨教学方法上，也可以表现在不同学科的教师携手进行教育创新的实践中。借助这种合作与交流的平台，教师能够相互启发思维，彼此学习借鉴，共同寻求将思政教学与信息化手段有效融合的最优方案和实践范例。例如，学校可以组织教师开展集体备课、教学研讨等活动，分享信息化教学经验和方法，共同解决教学中遇到的问题。同时，学校应建立完善的激励机制和评价体系，激发教师参与信息化教学的积极性，设立思政信息化教学优秀个人、优秀团队等奖项，表彰在信息化教学中表现突出的教师及团体，并将信息化教学能力纳入教师评价体系，将其作为晋升、评优等方面的重要参考依据。

二、定期开展信息技术技能培训，提升信息技术应用能力

随着信息技术的日新月异，其对社会各领域，尤其是教育领域的影响日益加深。思想政治工作，作为学校教育的重要组成部分，同样受到了信息技术的深远影响。这种影响不仅为思想政治工作带来了前所未有的便捷与高效，同时也带来了新的挑战和要求。因此，加强思想政治工作队伍的信息素养建设，已经成为当前学校面临的重要课题。

首先，在信息技术的推动下，教育模式正在从传统的"粉笔+黑板"向"多媒体+网络"转变。这就要求教师不仅要掌握扎实的专业知识，还需要具备一定的计算机操作能力、网络知识及运用现代教学手段和教育技术的能力。为此，学校应该定期组织教师进行信息技术技能培训，内容涵盖计算机基本操作、

网络应用、多媒体教学手段等，以确保教师能够熟练运用各种信息化教学工具，提高教学效果。同时，在信息素养培训中，学校还需要特别关注思政教育网站、微信公众号、微视频等信息化教育资源的应用，加大对教师关于这些平台的使用技巧和信息发布规范的培训力度，使思政教师能够更好地利用这些资源进行信息化教学，从而提升思政教育的吸引力和实效性。

其次，对于已经熟练掌握教学基础技能的教师来说，他们需要进一步拓展和深化相关技能的提升途径。这包括培养他们持续开发、整合及有效利用全新教育资源的能力，进而推动他们的专业成长。以学校思政课教师为例，他们应积极主动地参与校内外举办的各类微课竞赛、教学研讨会等活动。通过参与这些活动，教师能够不断自我反思，发现自身在教学中的不足之处，并据此进行有针对性的技能提升和学习。特别是，他们需要学习如何更有效地将思政课教学与现代信息技术相结合，以优化教学过程，提高教学质量。

最后，信息技术技能培训应注重实践应用，让思政教师在实际操作中掌握和应用所学知识和技能。通过实践应用，思政教师可以更好地理解和掌握信息技术在教学中的应用方法和技巧，提高自己的信息技术应用能力。同时，在开展信息技术技能培训后，应建立反馈机制，及时了解思政教师对培训效果的反馈意见和建议。通过反馈机制，可以发现培训中存在的问题和不足，并及时进行改进和优化。反馈机制还可以激发思政教师的学习动力和积极性，提高培训效果和质量。

因此，通过制订科学的培训计划、选择适合的培训方式、注重实践应用和建立反馈机制等措施，思政教师的信息技术应用能力得到了显著提升。思政教师能够熟练运用信息技术手段进行教学设计、课堂教学和在线教学等教学活动，有效提高了教学效果和学生的学习积极性，推动了思政教育的创新发展，为思政教育的发展注入了新的活力。

三、构建师生双向互动信息交流平台，实现学以致用

在信息化时代背景下，传统的教学模式已经难以满足现代教育的需求。传统的单向灌输式教学方式，不仅难以激发学生的学习兴趣，而且容易导致理论与实践脱节。因此，构建师生双向互动信息交流平台，实现学以致用，成为当前教育改革的重要方向。

首先，思政教师在教学过程中，为了使学生能够更好地学习，就要与学生建立起良好的沟通和交流平台，以便于及时了解学生的思想动态。比如，可以建立"学习交流群"或者"QQ群"来实现师生之间的沟通。通过这些平台，思政教师可以及时了解学生对课程知识的掌握程度，并且对学生的思想动态进行正确引导。在"学习交流群"或者"QQ群"中，教师可以发布一些有关课程内容的知识点，以及相关资料和教学课件，让学生在学习过程中更加便捷地获取所需知识。教师在教学过程中还可以使用一些辅助教学软件和信息技术来对知识进行讲解，如PPT课件、视频资料等。在"学习交流群"或者"QQ群"中，教师也可以让学生在平台上进行讨论或者提出自己的问题，然后根据学生的回答情况对教学内容进行补充

和完善。这样就实现了师生之间的双向互动。

其次，师生双向互动信息交流平台的核心在于互动交流。平台应提供多种互动方式，如在线讨论、实时问答、作品展示等，使师生能够随时随地进行交流互动。通过交流互动，教师可以及时了解学生的学习情况，提供个性化的指导；学生可以及时获得教师的反馈，调整学习策略。此外，师生双向互动信息交流平台应注重实践应用环节的设计。平台应提供与课程内容相关的实践项目、案例分析等，引导学生将所学知识应用于实际情境中，提高解决问题的能力。学生可以通过参与实践项目，将所学知识应用于实际情境中，提高解决问题的能力。同时，平台还可以提供实践成果的展示和评价功能，让学生之间能够相互学习和借鉴。

因此，构建师生双向互动信息交流平台是实现学以致用的重要途径。通过该平台的建设和应用，可以有效提升教学效果，激发学生的学习兴趣和主动性，实现知识与实践的紧密结合。随着信息技术的不断发展，师生双向互动信息交流平台将在教育领域发挥更加重要的作用。我们期待更多的教育工作者能够关注并参与这一领域的研究和实践工作，共同推动教育事业的繁荣发展。

四、建立完善的教师培训和激励机制，提升信息素养

当今，信息技术已广泛应用于教育领域，极大地推动了教育现代化的发展。信息素养作为现代社会个体发展的基本要

求，对于教师而言尤为重要。教师信息素养的提升不仅有助于提高教学质量，还能促进教育信息化的发展。因此，建立完善的教师培训和激励机制，提升教师的信息素养具有重要的现实意义。

首先，在信息化教学的发展过程中，需要建立完善的教师培训机制，为教师提供更多的学习机会，加强对教师信息素养的培养和提高。同时，还要建立完善的激励机制，促进思政教师信息素养的提升。例如，学校可以通过构建信息素养考评体系，定期对教师进行考核，以此来激发教师提升自身信息素养的积极性。另外，为了帮助教师树立正确的信息意识和理念，提高教师对信息技术应用能力的重视程度，学校还可以通过定期开展信息化教学技能培训活动、信息化教学技能比赛等方式来提升教师的信息化教学水平。通过以上方式，可以有效提高思政教师对信息技术应用能力和信息素养的重视程度。

其次，需要构建教师信息素养培训体系，激发教师的积极性和创造力，提高其信息技术应用能力和创新能力。一是明确培训目标。教师信息素养培训的目标是提高教师的信息技术应用能力和创新能力，使其能够熟练运用信息技术手段进行教学活动。所以，在构建培训体系时，应明确培训目标，确保培训内容与实际应用紧密结合。二是设计多元化培训内容。培训内容应涵盖信息技术基础知识、教学软件应用、网络资源利用、在线教学技能等多个方面。同时，应注重培训内容的实用性和前沿性，使教师能够掌握最新的信息技术应用方法和教学理念。三是采用灵活多样的培训方式。培训方式应灵活多样，包括线上培训、线下培训、实践操作等多种形式。线上培训可以利用能够提供丰富学习资源和互动交流的网络平台；线下培训可以组织专家讲座、研讨会等活动，加强教师之间的交流和合作；实践操作则可以让教师亲自动手操作，提高实际操作能力。四是建立培训效果评估机制。培训效果评估是确保培训质量的关键环节，应建立科学的评估机制，对教师的培训效果进行定期评估。评估结果可以作为教师考核和晋升的依据之一，激励教师积极参与培训活动。

因此，建立完善的教师培训和激励机制是提升思政教师信息素养的有效途径。通过构建思政教师信息素养培训体系和有效激励机制，可以激发思政教师的积极性和创造力，提高其信息技术应用能力和创新能力。这将有助于推动思政教育信息化的发展，提高思政教育的质量。

第四节　利用信息技术，改进课程评价方式

一、借助大数据，以评促教

随着教育技术的不断进步，教学评价方式已从传统的纸笔测试转变为基于云计算的网络数据测试，这种转变和发展为思政课程的教学评价开辟了新的道路。例如，在探究式课堂上，当学生进行小组讨论时，教师可以利用手机捕捉他们专注探究的精彩瞬间，记录下他们认真学习的状态。当讨论告一段落

后，教师可以利用先进的白板交互系统，展示刚才用手机拍摄的画面，并进行现场点评。这样可以提高教学评价的时效性，还使得评价更具激励和引导作用，帮助学生及时认清自己的优点和不足，改进学习方法。在习题课上，教师利用出题优 App 进行在线测试，迅速了解学生对课堂内容的理解程度，并对他们在特定知识点上的掌握情况进行即时评估。基于这些信息，教师能够精确地找出学生的学习难点，并为每个学生量身定制适合他们的学习方案。"个性化+自适应"的评估机制能有针对性地为学生提供相关的练习题，确保每位学生都能获得符合其学习进度和需求的个性化学习路径。"互联网+思想政治"教育模式通过先进的大数据学情分析系统，深入剖析学生的学习状况，为他们提供问题的精准诊断和反馈。这一模式不仅实现了学习内容的个性化定制，还能根据学生的学习表现推送定制化的练习题目，进行个性化的学习进度跟踪和难点诊断，从而助力学生更高效地掌握思想政治知识。在习题讲评课程中，教师利用先进的大数据技术进行了深入的分析和挖掘，从而获得了对学生精确的诊断性评价。基于这些数据，教师可以高效地将原本 45 分钟的习题讲解精简为仅 15 分钟的难点解析，将剩余的时间用于学生的小组探究活动，专注于问题的解决。此外，通过深度挖掘数据价值，教师还针对性地设计了"主观题解题路径"提升课，直接瞄准班级在思想政治学科上的学习短板。信息化的教学手段不仅为教学评价提供了更丰富、更全面的数据支持，还推动了教师教学方式的创新与变革，使教师能够根据学生的实际需求进行精准教学，真正实现了以学定教的教学理念。

二、借助电子书包，以评促学

大数据在教育领域的应用价值，主要体现为能帮助学生更深入地认识并挖掘自己的潜力，从而推动他们的全面进步。对于思政教学评价，教师不能仅仅依赖传统的纸笔测试成绩来对学生做出最终的价值评估，而是要构建完善、科学的思政教学评价体系，将评价贯穿于学生的整个学习过程。在实际教学中，学生利用手机、平板等工具扫描二维码，进入电子书包，并将思政课程学习与成果资料上传，以便于教师实时查看和评估。另外，电子书包以数字化的形式存储了学生关于思想政治学科的各类资料，包括日常作业、主题实践活动、课题研究成果及传统的纸笔考试信息等。它不仅详细记录了学生的成长历程，更有助于发掘学生的潜在能力。在学期结束时，电子书包能为学生提供一个多维度、多层次的综合性评价。这样的评价方式，不仅全面而且深入，更能真实反映学生在思想政治学科上的学习成效和进步。在评价理念上，教师坚持"评价即学习"的原则，而非"学习为了评价"。在评价内容上，教师着重于学生的全面素质及个性发展，不仅看重学生的知识水平，也重视其品德修养、审美情趣、身心健康等多方面的表现。在评价方式上，教师更加关注学生的进步和努力，鼓励他们不断超越自己，发挥自己的潜能。同时，评价结果不仅仅是对学生学习成果的反馈，更是指导教学及帮助学生诊断问题、改进学习方法的重要依据。思政教学目标是帮助学生全面发展、健康成长，并培养他们的社会责任感、创新精神和实践能力等核心素养。因此，教师利用电子书包等现代信息技术工具，持续记录学生的学习过程，实现了对学生思想政治课程学习数据的全面收集、深入分析和有效挖掘。这种评价方式不仅关注学生的知识掌握情况，还关注他们的学习态度、方法和情感体验，真正体现了思政教学评价的过程性和发展性。

三、借助网络平台，构建完善的教学评价体系

缺乏有效的在线评价工具和方法是导致当前思政教学评价方式不够科学合理的重要原因。传统的思政教学评价，主要是通过纸笔来进行的。这种评价方式，虽然具有较强的直观性，但是其在操作过程中，也存在着一定的局限性。为了消除教学评价中的局限性，教师应当积极地运用网络平台及智能手机来构建一个较为完善的思政教学评价体系。在这个系统中，教师可以及时地对学生在思政学习过程中存在的问题进行反馈。例如，学生对于某个知识点的理解存在偏差，教师便可以通过网络平台和智能手机向学生发出相关问题，并让学生在短时间内进行解决；同时，教师还可以借助网络平台和智能手机构建一个师生互动系统，通过这个系统让学生积极地参与到思政教学活动之中。通过这个系统的运用，能够有效地改变传统思政教学评价方式中存在的主观性强、过于形式化及评价内容单一等缺陷与不足，并且能够在对学生进行评价后，通过网络平台和智能手机及时地对学生进行反馈。

四、借助信息技术，引入多样化的教学评价
方法

思政课程作为学校教育中的一门重要课程，具有不可替代
的作用。它旨在培养学生形成正确的世界观、人生观和价值
观，帮助学生树立正确的人生目标和追求。然而，传统的思政
课程评价方式存在一些问题，如评价方法单一、评价指标不够
全面等，这些问题限制了思政课程的教学质量和效果。因此，
借助信息技术改进思政课程的评价方法，成了当前思政教育领
域亟待解决的问题。首先，在信息技术大背景下，思政课程评
价方式应引入多样化的评价方法，包括在线测试、在线问卷、
在线讨论、作品展示等。这些评价方法可以更加灵活地反映学
生的学习情况和思想动态，同时也能够激发学生的学习兴趣和
积极性。例如，在线测试可以帮助学生及时了解自己的学习进
度和薄弱环节；在线问卷可以收集学生对思政课程的意见和建
议；在线讨论可以促进学生之间的交流和思考；作品展示可以
展现学生的创新能力和实践能力。其次，在信息技术大背景
下，可以利用信息技术手段实现思政课程评价过程的自动化和
智能化。例如，可以利用大数据技术对学生的学习数据进行收
集和分析，发现学生的学习规律和特点；可以利用人工智能技
术对学生的作品进行智能评分和反馈；可以利用云计算技术实
现评价结果的实时共享和查看。这些技术手段的应用可以大大
提高评价工作的效率和准确性，同时也能够减轻教师的工作负
担，帮助老师更好地了解学生的学习情况和思想动态，为思政
课程的创新发展提供有力支持。

第五节　政府及学校对信息化教学的支持

一、政府政策保障与资金支持

随着信息化教学深入推进，政府应为思政教学发展提供政策保障与资金支持，以促进教育公平和提高教育质量。一是健全网络监管机制。网络作为思政信息化教学的基础，保障网络环境安全、清朗至关重要。由于网络不受地域限制，且受众广泛，一些西方国家利用网络渠道向学生进行文化渗透，宣传资本主义价值观念和意识形态，诋毁我国的社会主义制度。学生在利用网络查找思政资源时，容易受到不良信息的影响，形成不正确的价值观。面对此情况，政府需强化对网络空间的监督与管理，构建健全的网络监控机制，确保网络信息的健康、有序传播。该机制涵盖了过滤有害内容、严厉打击网络上的违法和失范行为等措施，同时应提升违反网络法规的惩处力度，使学生深刻认识到网络空间并非法外之地，任何违法行为都难逃法网，进而培育学生的法治观念和网络道德。此外，若条件允许，政府可考虑设立专门针对学生的网络安全通道，即一个集结了高质量学习资源的网络平台，专门为学生提供安全、高效的网络体验。学生可借助此平台更便捷地搜寻学习资料、分享学习经验，远离不良信息和网络威胁，这既有助于网络德育工作的顺利推进，也能促进学生的全面成长。二是政府应加大对学校信息化教学设备建设的投资。随着教育信息化的推进，多媒体设备在日常教学中的作用日益凸显。然而，现实中各学校的多媒体设备品质不一，且由于缺乏有效的维护和保养，设备故障频发。这种情况不仅影响了教学效果，也造成了教育资源的浪费。鉴于此，政府应考虑出台相关政策，如提供税收优惠或资金补贴，以鼓励更多企业积极投身于教育信息化事业。这些企业可以为学校提供包括投影仪、计算机、音响等在内的多媒体设备，并确保这些设备在教学性能和质量上达到要求。此外，定期对设备进行专业的维护和保养也是必不可少的，这样可以及时发现并解决可能存在的问题，保障设备的顺畅运行，从而为教学提供稳定的技术支持。三是政府应加大对教师信息化教学能力培养的投资，推动开发与教育信息化相适应的教育资源和实际案例，从而提高教师在教育教学过程中应用信息技术的水平。同时，需要构建一个信息化的教育资源共享网络空间，充分利用互联网技术的优势，集成各类教育资源、教学手段及策略，为教师们打造一个互动学习、交流提升的平台，以助力他们不断提升教学能力。此外，为了激励教师更积极地提升信息化教学能力，政府还应定期组织教师参与信息化教学技能的比拼活动。通过竞赛的形式，激发教师的学习热情，发掘并表彰在信息化教学方面表现卓越的教师，让他们成为行业的榜样，引领其他教师共同进步。

二、智慧校园建设

在教育信息化的道路上，智慧校园的建设显得尤为重要。首先，搭建智慧校园信息化平台。智慧校园的建设，离不开校园网络平台的建设，该平台在整个校园网络中承担着信息采集、传输、交换和存储等任务，其安全问题直接关系到整个校园信息化建设的水平和质量。同时，还要保证网络环境稳定。网络环境稳定是智慧校园信息化平台正常运行的基础，其运行状态直接影响智慧校园的整体信息安全。其次，打造智慧化教学环境。学校要在智慧校园建设的基础上，打造智慧化的教学环境，为教学活动的开展提供良好的硬件支撑。一方面，要注重对校园网络环境的改善。在网络环境方面，要做到宽带网络全覆盖，为教育信息化提供良好的网络支撑；在硬件方面，要注重校园网建设，提高校园网络质量。另一方面，要建设智慧教室和智慧实验室。智慧教室是运用信息技术和先进的教学设备构建起来的新型教室。它不仅为师生提供了一个良好的学习环境，还为师生提供了一个共同学习和交流的平台。智慧实验室是指具有物联网、云计算等功能的实验室系统。它实现了教学实验管理与实验教学相结合、学生自主学习与教师教学相结合、学生动手实践与教师指导相结合、实验操作与技能考核相结合等功能。智慧实验室能够提供高效、现代化的实验环境，帮助学生掌握实验技能，提高创新思维和执行力，还能够实现远程交流互动，促进信息化教学的发展。

三、搭建在线教学平台

在信息化高速发展的时代，政府及学校对信息化教学的支持日益增强，不仅体现在政策引导与资金投入上，也体现在对信息化教学环境的营造、教育资源的整合及搭建在线教学平台等多个方面。政府作为教育事业的引领者和推动者，对信息化教学给予了极大的关注与支持。政府积极推动教育信息化与各行各业的深度融合，搭建信息化在线教学平台，为学生提供了更加便捷、高效、个性化的学习体验。同时，通过整合在线教学平台有关思政课程的丰富教育资源，这些教育资源包括课程视频、教学课件、参考书籍、案例分析和实践项目等，以支持教师的授课和学生的学习。政府通过整合这些资源，为学生提供更加全面、深入的思政课程学习体验。此外，学校鼓励学生通过在线教学平台参与信息化教学实践，通过项目式学习、探究式学习等方式，培养学生的创新精神和实践能力。

第五章　微课在初中道德与法治教学中的实践研究

第一节　微课在初中道德与法治教学中的应用现状

随着信息技术的迅猛发展，微课作为一种以短视频为主要形式的教育资源，具有灵活性、互动性和个性化的特点，被广泛应用于各个学科的教学中。而微课作为一种新兴的教学模式，也逐渐在思政教育领域得到广泛应用。初中道德与法治教育作为培养学生核心素养的重要环节，也开始尝试将微课应用于教学实践中。本章将对微课在初中道德与法治教学中的应用现状进行分析和探讨。

首先，我们需要了解初中道德与法治教学的重要性。道德与法治教育是培养学生道德情感、道德判断和道德行为的重要途径，对于学生的全面发展具有重要意义。然而，传统的教学方式存在诸多问题，如教学内容单调、教学方法单一、学生参与度不高等。微课作为一种新兴的教学模式，具有十分突出的优势，有望弥补传统教学方式的不足之处。

其次，我们需要了解初中道德与法治教学中存在的问题。目前，初中道德与法治教学存在教学内容单调、教学方法单一、学生参与度不高等问题。当前的教学方式往往以教师为中心，学生只是被动接受知识，缺乏主动性和创造性。而微课作为一种以学生为中心的教学模式，能够激发学生的学习兴趣，提高学生的学习积极性和主动性。

再次，目前微课在初中道德与法治教学中的应用已经取得了一定的成果。一方面，微课能够提供丰富多样的教育资源，涵盖了文字、图片、音频、视频等多种形式，能够较好地满足学生的学习需求。另一方面，微课还能够提供个性化的学习路径和学习方式，根据学生的不同需求和能力进行个性化的教学设计，提高学生的学习效果。

最后，微课在初中道德与法治教学中的应用还存在一些问题和挑战。首先，微课的制作需要教师具备一定的技术和教学设计能力，这对于一些教师来说可能是一个难题。其次，微课的使用需要学生具备一定的自主学习能力和信息素养，否则可能无法充分发挥微课的优势。此外，微课的评估和反馈机制也需要进一步完善，以保障学生的学习效果和教学质量。

综上所述，微课在初中道德与法治教学中的应用已经取得了一定的成果，但仍面临一些问题和挑战。为了更好地发挥微课的优势，我们需要加强对教师的培训和支持，提高学生的自主学习能力和信息素养，以及完善微课的评估和反馈机制。只有这样，才能真正实现微课在初中道德与法治教学中的有效应用，提高教学质量和学生的核心素养。

第二节　微课在初中道德与法治
教学中的实施策略

一、与学生共同制作微课，培养学生的道德观念

在新课程改革标准的要求之下，教师应当积极摒弃传统教学观念的影响，使学生明确其自身在学习过程中的主体地位，以学生的兴趣爱好及学生在现阶段接受和理解知识的能力为依据，考量各方面因素，积极引导学生共同参与微课的制作。这样不仅可以提升学生对道德与法治课程的亲切感和熟悉度，让他们可以更加充分地理解相关的道德知识和法律知识，还能在潜移默化中培养学生的道德观念，增强他们的法治意识，规范他们的法治行为。

例如，在进行部编版《道德与法治·七年级上册》第一单元"发现自己"这部分知识内容的教学时，教师可以要求学生先进行教学内容的预习，然后与学生进行交流和沟通，以情景剧的形式，拍摄一段关于"多把尺子量自己"的微视频。首先，教师可以邀请学生选择 A 同学、B 同学、C 同学的角色进行扮演，然后让 A 和 B 两位同学以对话交谈的方式对 C 同学的陋习进行描述，其中 A、B 两位同学扮演的是背后议论别人的角色。接着，在微视频录制完成后，教师再录制一段分别对

A、B、C 三位同学的行为方式进行讲解的教育视频。最后，教师通过多媒体信息平台，对这些分段视频进行剪辑和整合。在正式课堂教学实践时，教师将制作好的微视频向全体同学播放，通过微视频对学生进行教育，引导学生掌握正确评价他人的方法和培养学生客观认识自身行为习惯的能力，同时还可以引导学生及时改正自己的缺点，激发学生的正能量。教师通过让学生共同参与微视频的制作，不仅可以培养学生正确的道德观念，还可以引导学生发现到自身的缺点与不足，进行自我反思。

二、利用微课构建适宜情境，激发学生求知欲

微课本身具有的声、像、色俱佳的优势能够较好地优化课堂情境，是对传统课堂教学的改进和创新。围绕教材进行单一知识讲解的传统授课模式难以实现学生课堂学习兴趣的培养和发展，因而利用微课构建和优化课堂情境能够起到很好的效果。为此，在开展初中道德与法治教学时，教师应巧妙利用微课优化学生的认知结构和学习方式。

例如，在进行部编版《道德与法治·九年级上册》第四单元"促进民族团结"这一内容的教学时，教师可以在课堂伊始给学生播放歌曲《爱我中华》，让学生在熟悉旋律的引导下投入课堂学习。在此基础上，教师可以利用微课给学生展示与少数民族风俗习惯、饮食或是服饰有关的图文资料，让学生依据自身的经验谈谈自己对少数民族的认识及各个民族的人们是如何团结互助、共同进步的等，在良好的课堂情境中引入所要学

习的知识，实现学生兴趣点与知识的连接。如此，课堂情境得到了优化设计，使学生的学习兴趣和求知欲被充分调动起来，从而更好地促进课堂教学活动的顺利进展和实施。

三、利用微课展示新闻内容，扩展学生认知视野

"道德与法治"作为讲解个人与集体、国家、社会关系的重要学科，与时事政治、新闻热点之间有着密切的联系。这些新闻时事和案例也能够在很大程度上阐述道德与法治教学的理论知识，是课堂教学的有益延伸和补充。为了使学生对这些新闻内容有深刻的了解和认识，初中道德与法治教师可以将相关的内容制作成微课，让学生利用课余时间自由学习和观看，从而不断扩充学生的知识储备，增强学生对有关社会现象及相关理论知识的深刻认知，达到拓展学生认知视野及提升课堂教学质量的目标。

初中道德与法治教师应当不断丰富课堂教学方式，为微课教学准备好充足的教育资源，从而更好地对学生进行道德品质及法律基础的教学，同时要注重突破教学中的一些重点和难点问题，为教学效果的提升提供帮助。教师还可以在实践教学的过程中探索更多的微课应用方式，这样才能持续利用微课来促进初中道德与法治教学效果的提升。

第六章　信息化赋能思政教学改革的案例分析

第一节　上海师范大学附属中学开展信息技术赋能的新时代思政课

在信息化、数字化的时代背景下，教育领域也在不断探索与信息技术的深度融合。上海师范大学附属中学作为一所具有前瞻性和创新性的学校，积极引入信息技术赋能新时代思政课，为思政教学注入了新的活力。

2021 年 9 月 22 日，上海师范大学附属中学以其前瞻性的教育理念，成功地利用现代教育信息技术，在人文智慧专用教室里为学生带来了一堂别开生面的逻辑思维探究思政课。这不是一堂普通的课程，而是一次对传统教学模式的革新和尝试，充分体现了现代教育与科技的完美结合。这堂课的主题是"推理和演绎推理概述"，由上海师范大学附属中学的赵梓涛老师执教。赵老师不仅深入浅出地讲解了推理和演绎推理的基本概念，还通过精心设计的案例情境，引导学生主动思考，激发他们的探究热情。更值得一提的是，学生还参与到情景剧的表演中，通过角色扮演的方式，更加直观地理解和体验推理的过程。而这节课最大的亮点，无疑是在人文智慧专用教室进行的沉浸式教学。这个教室配备了先进的数字化环境技术，四面大屏幕为学生营造了一个全方位的学习空间。这些大屏幕不仅可以展示丰富多样的教学内容，还可以根据课堂需要随时切换不同的讨论话题，极大地提高了课堂的互动性和灵活性。此外，大屏幕还具有回顾和预习的功能。在课堂上，老师可以随时调用以往的学习内容，帮助学生巩固知识，建立完整的知识体系。同时，老师也可以提前展示新的学习内容，引导学生进行预习和思考，为接下来的教学做好充分的准备。

人文智慧专用教室还有另一个特点，就是其与学校的青年学生马克思主义理论教育工作的深度结合。一条文化走廊巧妙地将"人文智慧专用教室"与"马克思主义青年读书会"连接起来，形成了一个独特的学习和交流空间。走廊一侧的屏幕和投影设备播放着世界社会主义五百年的沧桑历程，另一侧则展示了中国共产党历次全国代表大会的珍贵资料，生动地描绘了中国共产党领导中国人民走向繁荣富强的辉煌历史。这条文化走廊不仅有着观赏价值，还具有导向作用，为校园营造了一种浓厚的思想政治文化氛围。

上海师范大学附属中学成功打造了一间人文智慧专用教室，为数字化思政学科的进一步发展奠定了坚实基础。在推进思政教学与信息技术结合的过程中，我们可以借鉴其经验，将思政教室塑造成一个"智能化、高效率、灵活多变"的教学空间。在教室环境布局上，采用创新的设计理念，如环绕式的智能数字化屏幕和融合式投影技术，为学生带来丰富多样的视听感受，使他们能更迅速地融入学习氛围，增强学习的身临其境之感。学习资源的展示方式变得更为生动有趣、全面细致；资源的获取途径也变得更加高效快捷；同时，智能化的互动辅助工具进一步丰富了课堂的互动性，提升了学习的趣味性。这些改进不仅极大地激发了学生对思政课程的兴趣和热情，也推动了思政教学的创新与发展。

总之，上海师范大学附属中学开展的信息技术赋能的新时代思政课，是教育领域与信息技术深度融合的典范。一方面，这种教学模式提高了教学效果。通过信息技术的引入，思政课的教学内容变得更加丰富、生动，教学方式更加灵活、多样。这种教学模式不仅提高了学生的学习兴趣和积极性，还使学生更好地理解和掌握了思政知识。另一方面，它也拓宽了学习渠道。信息技术为学生提供了更多的学习渠道和资源，学生可以通过网络平台、在线课程等方式获取更多的学习资料和信息，拓宽了视野和知识面。同时，这种教学模式还培养了学生的创新能力。信息技术的引入也为学生提供了更多的创新机会。学生可以通过参与课堂互动、在线讨论等方式发挥自己的想象力和创造力，培养创新精神和实践能力。相信在未来，随着信息技术的不断发展和应用，更多的学校和教育机构会加入这一队伍，共同推动教育事业的进步和发展。

第二节 淄博市"数字化赋能+实践教学"
思政课堂新模式

淄博市在推进教育信息化和思政教育改革的过程中，积极探索并实施了"数字化赋能+实践教学"的思政课堂新模式。

这一模式以数字化技术为手段，以实践教学为途径，为思政课堂注入了新的活力和动力，有效提升了思政教育的质量和效果。

近年来，淄博市积极推动"五个一批"项目库的建设，以数字信息化和全面立德树人为导向，对传统教学方式进行了整合与提升。该市注重加强思政课与实践教学的相互融合，以此持续提高思政课在培养学生德育方面的效果。为了进一步增加优质教育资源的供应，淄博市还专注于创建"数字思政课"。淄博市基础教育研究院的思政课研究员代海林指出，他们的目标是借助信息技术，为学生呈现一堂生动且沉浸式的思政课。通过数字技术的创新应用，构建出新颖、现场感强、情感共鸣的教学叙事课堂环境，从而改变学生对传统思政课程理论讲解的固有印象，进一步激发他们的学习兴趣，优化学习体验，并增强对学习的认同感。

2021年，淄博市在教育领域进行了重大的技术投资，构建了一套集云、网、端于一体的交互式在线教学系统。这一系统覆盖了全市的440多所学校，每所学校都安装了在线教学同步课堂系统，并统一配置了交互式在线教学的硬件和软件。为了推进"大思政课"的建设，淄博市动员了全市的思政课名校教师和学科名师，录制或直播了一系列的名校课堂、名师课堂及网络教研课堂。利用这套交互式在线教学系统，淄博市还组织了数百次的网络集体教研、教师在线培训、精品公开示范课及会议互动直播等活动。全市学校也积极参与到基于"交互式在线教学系统"的应用场景创新中，不仅实现了学校之间、区县之间在应用场景建设上的互相借鉴和共同提升，还为全市的思政课教育教学质量的提升开辟了新的途径，注入了新的活力。这一系列的举措，无疑为淄博市的教育事业发展带来了积极而深远的影响。

淄博市着重构建包含本土思政文化元素的数字信息资源，旨在深化学生对家乡文化的认知与归属感。这一举措为思政课的数字化转型提供了新的着力点。我们深知，将本土化教育资源融入思政课，并开展多样化、内涵丰富的思政活动，具有重要的教学意义。因此，我们应充分运用信息技术手段强化思政课教学效果，推动数字化课程建设，积极引入地区特有的思政文化资源，以打造一个全面培养学生品德的综合教育平台，从而更好地实现立德树人的教育目标。为了利用信息技术给学生营造身临其境的思政课体验，我们需要借助虚拟现实、人工智能和全息显示等尖端科技，创造出一个兼具互动性、沉浸感、时代气息和趣味性的教学环境。我们通过将本土文化底蕴和新时代叙事融入思政课，精心策划和整合具有地方特色的优质教育资源，利用信息技术将其呈现给学生，着力推动思政教育的创新发展。我们还可以利用红色教育基地、博物馆等历史文化展馆的云端数字展厅，为学生提供丰富的研学体验，并借助"云"游研学的方式，进一步扩展思政课的线上实践教育平台，打破线上线下的界限，实现资源的有效整合和共享。这将有力推动思政课在落实立德树人根本任务方面向更深层次发展，为学生提供更加全面和深入的思政教育。

总之，淄博市"数字化赋能+实践教学"思政课堂新模式的实施，是教育信息化和思政教育改革的重要探索和实践。一方面，这一模式提升了思政教育的质量和效果。通过数字化赋能和实践教学的结合，淄博市的思政课堂变得更加生动有趣、丰富多彩。这不仅激发了学生的学习兴趣和积极性，还提高了他们对思政知识的理解和应用能力。同时，新模式还加强了师生之间的交流和互动，使得思政教育更加贴近学生、贴近生活。另一方面，它也促进了教育信息化的发展。淄博市在推进"数字化赋能+实践教学"思政课堂新模式的过程中，积极探索并应用了多种信息技术手段。这不仅为思政教育提供了有力的技术支持，还促进了教育信息化的发展。通过数字化技术的应用，教育资源得到了更加充分的利用和共享，教育质量和效率也得到了显著提升。未来，淄博市将继续深化这一模式的探索和实践，为培养更多具有创新精神和实践能力的高素质人才做出更大的贡献。

第三节　广州市某初中"智慧思政"教学改革实践

一、背景介绍

近年来，国家对教育信息化建设越来越重视，教育部在2018年发布了《教育信息化 2.0 行动计划》，要求教育信息化从基础设施建设向应用服务转变，从规模扩张向质量提升转变，从教学应用向管理决策应用转变，从发展数字资源向构建数字生态转变。广州市某初中自 2012 年开始探索"互联网+思政"教学改革，2013年成立了"智慧思政"工作小组，2013年至2019年先后开发了《我是中国人》《中华传统文化》等15门课程，其中《我是中国人》课程于2018年获评广州市中小学德育精品资源共享课。

二、教学过程

（一）教学平台搭建

为了打造"互联网+思政"教学模式，该校先后投入300多万元，建成了基于校园网的"智慧思政"教学平台。该平台集学习、互动、考核于一体，教师与学生可以随时随地在线进行自主学习。学生通过手机或电脑登录平台，根据课程安排，完成在线自主学习任务。该平台具有自主学习、在线互动、即时反馈和自测巩固等功能，有效地支持了"智慧思政"教学模式的开展。同时，该平台还支持多个用户同时使用一个账号登录系统，学生可以在线交流讨论、提交作业、发表观点、提交试卷、查阅资料等。学生还可以通过平台开展调查问卷、在线测试等活动。这些功能充分发挥了"互联网+思政"的优势，极大地丰富了教学内容。

（二）教育资源整合

"互联网+思政"模式将线上线下教育资源进行了整合，构建了"智慧思政"课程资源库。该资源库涵盖了"国家课程、地方课程、校本课程"三大类型。其中，国家课程包括

《政治》《道德与法治》《历史》等；地方课程包括《思想道德修养与法律基础》《心理健康教育》等；校本课程包括《劳动教育》《艺术》等。资源库中的所有资源均由该校教师精心筛选、分类整理、编辑，确保了所有教育资源的权威性、准确性和适用性，从而为后续教学提供参考。

"智慧思政"平台可以满足不同学习群体的需求，师生可以根据教学内容与学生情况，对教育资源进行筛选、分类和编排。例如，在课堂教学中，教师可以将相关知识点直接上传到平台，让学生进行自主学习；在课后，学生可以将自己对知识点的理解、思考等内容上传到平台，与教师和同学一起交流。

（三）互动式教学实施

"智慧思政"课堂教学模式是以网络课程资源为依托，实现教师与学生、教师与课程资源之间互动的教学模式。通过网络课程的学习，教师在课堂上对学生的学习情况进行有效评价，引导学生主动探究问题，进一步优化学习方法，培养学生的自主学习能力；同时借助平台对学习过程中产生的数据进行记录、分析，从而优化教学过程。该校的"智慧思政"课堂教学模式在实施过程中应遵循以下原则：第一，尊重学生主体地位，激发学生主体意识；第二，落实立德树人根本任务，促进学生全面发展；第三，坚持以生为本的原则。开展互动式教学活动，不仅能够实现线上与线下、课内与课外、教师与学生之间的深度融合、有机互动与有效互动，还能够调动学生学习积极性和主动性，发挥教师的主导作用和学生的主体作用。该模式在实施过程中可采取以下策略：一是开展多元化教学方式。

结合网络课程资源，教师可以采用讲授、讨论、案例分析、角色扮演等多种教学方法，激发学生学习兴趣，提高学生参与度。同时，鼓励学生利用网络平台进行自主学习，开展小组合作学习，培养学生的团队协作能力和沟通能力。二是强化实践教学。通过组织实践活动，让学生深入了解社会现实，将理论知识与实际相结合，提高学生的应用能力和创新能力。实践活动包括社会调查、志愿服务、实习实训等。三是实施个性化教学。针对学生的不同特点和需求，教师可以制订个性化教学方案，提供差异化教学资源和支持。借助网络平台，教师可以实时了解学生的学习进度和效果，为学生提供有针对性的指导，帮助学生发挥潜能，实现个性化发展。

（四）学习评价与反馈

学习评价是对学生学习过程的一种反馈与激励，是促进学生积极主动学习、学生综合能力发展的重要手段。在"智慧思政"网络课程和基于线上线下混合式学习的"智慧思政"课堂教学模式中，学生通过线上线下混合式学习，在课堂上接受教师的指导，在课下完成个人自主学习，其自主学习过程和结果受到教师的有效指导和评价。为确保"智慧思政"网络课程和基于线上线下混合式学习的"智慧思政"课堂教学模式顺利开展，该校要求教师要加强对学生的在线指导和监督，及时收集学生在自主学习过程中遇到的问题并给予指导；同时，通过多种方式及时向家长反馈学生在自主学习过程中遇到的困难、困惑等，争取家长的支持和配合。

三、取得的成效

"智慧思政"平台的开发建设对提升思想政治理论课教学质量发挥了重要作用。该校自主开发的《我是中国人》《中华传统文化》等15门课程，依托"智慧思政"平台，在"互联网+思政"教学改革实践中取得了良好的效果。

"互联网+思政"教学改革为全面提高学生的思想道德素质提供了新途径。通过"智慧思政"平台的运用，学生能够主动学习、自主探究、合作交流，从而有效提高了思想政治理论课教学质量。《我是中国人》课程被评为广州市"一师一优课、一课一名师"优秀课。

通过"互联网+思政"教学改革，教师能够更好地了解学生、尊重学生、引导学生，激发学生的学习兴趣，培养学生的自主学习能力和创新能力，促进学生全面发展。

四、总结与展望

在"互联网+"时代，"智慧思政"课程建设和课堂教学模式改革是落实立德树人根本任务的重要举措，也是落实立德树人根本任务的必然要求。通过开展"智慧思政"课程建设和课堂教学模式改革，该校思政教师在理论联系实际、提高课程教学质量、培养学生综合素养等方面取得了一定成效。然而，当前的"互联网+思政"课程建设和课堂教学模式改革仍面临着一些困难和问题，需要在实践中不断探索解决之道。

　　未来，该校将进一步发挥"智慧思政"网络课程资源的作用，实现与课堂教学模式改革的有效衔接；继续探索"互联网+"时代下思政课程的教学模式，推动"智慧思政"网络课程和课堂教学模式改革的进一步发展，打造优质高效的思政课堂。同时，该校还将充分发挥"智慧思政"网络课程资源对学生思想政治素质、综合素质和人文素养提升的促进作用，全面提升学校育人水平。

第四节　深圳市某初中信息化教学与思政教学改革实践案例

一、案例背景

　　随着信息技术的飞速发展，信息化教学已成为现代教育的重要组成部分。传统的思政教学模式面临着学生兴趣不高、课堂互动不足等挑战，为了激发学生的学习热情，提升思政教育的实效性，深圳市某初中敏锐地捕捉到了信息化教学的机遇，并决定将其与思政教学改革相结合，以探索出更高效、更有趣的思政教学模式，从而打造了一系列创新的教学实践案例。

二、案例实施

（一）构建数字化教学平台

该校与科技公司合作，共同研发了数字化教学平台。该平台集教育资源管理、在线课程学习、互动交流等功能于一体，为师生提供了便捷的教学环境。在思政课堂上，教师可以通过平台发布课程资料、布置作业、组织在线测试等。

（二）引入 VR/AR 技术

为了让学生更直观地理解思政知识，该校引入了 VR/AR 技术。通过 VR 技术，学生可以"身临其境"地参观历史遗址、革命圣地等，感受红色文化的熏陶。同时，通过 AR 技术，学生可以在课堂上看到三维立体的模型、图表等，加深对思政理论知识的理解。

（三）开展在线互动教学

该校利用数字化教学平台，开展了一系列在线互动教学活动。例如，教师可以设置在线讨论区，引导学生就某个议题展开讨论；学生可以通过平台提交作业、发表观点、互相评价等。这种教学方式不仅激发了学生的学习兴趣，还提高了他们的参与度和互动性。

（四）融合跨学科知识

在思政教学中，该校注重融合跨学科知识。例如，在历史课上，教师可以引入政治、经济、文化等方面的知识，帮助学生从多个角度理解历史事件；在地理课上，教师可以结合当地的文化、经济、环境等特点，讲解相关的思政知识。这种跨学科的教学方式有助于学生形成全面的知识体系，提高他们的综合素质。

（五）注重教师的培训和技能提升

为了确保信息化教学的顺利实施，该校加强了教师的培训和技能提升。学校定期组织教师参加信息技术培训、教学研讨会等活动，提高教师的信息素养和教学能力。同时，学校还鼓励教师积极探索新的教学模式和方法，推动思政教学的创新和发展。

三、案例成效

经过一段时间的实践，该校的信息化教学与思政教学改革取得了显著成效。

（一）学生学习兴趣浓厚

通过运用 VR/AR 技术、开展在线互动教学等实践，学生的学习兴趣得到了极大提升。他们能够更加主动地参与到课堂学习中来，积极发表自己的观点和看法。

（二）教学效果显著提升

数字化教学平台和在线互动教学活动的运用，使思政课堂变得更加生动有趣。在课堂教学中，学生能够更好地理解和掌握知识，提高了教学效果。同时，在线互动平台和虚拟实验室等教学手段的运用，也为学生提供了更多的学习机会和渠道，使教学效果得到了显著提升。此外，跨学科知识的融合更拓宽了学生的视野，提高了他们的综合素质。

（三）教师能力得到提高

通过参加培训和研讨会等活动，教师的信息素养和教学能力得到了进一步提高。他们能够更好地运用信息化教学手段开展思政教学，推动了思政教学的创新和发展。同时，这些活动也促进了思政教师的专业化发展，以信息技术提高教师的思政教学技能，使其成为思政教师中的佼佼者。

四、案例启示

该案例的成功实践为其他学校提供了有益的启示，主要体现在以下几个方面。

（一）注重信息化教学手段的运用

信息化教学手段能够丰富教学内容和形式，提高学生的学习兴趣和参与度。在思政教学中应注重引入信息化教学手段，打造智慧课堂。

（二）注重跨学科知识的融合

跨学科知识的融合有助于拓宽学生的视野和提高他们的综

合素质。在思政教学中应注重融合其他学科的知识，帮助学生形成全面的知识体系。

（三）加强教师的培训和技能提升

教师是信息化教学和思政教学改革的关键力量。学校应加强教师的培训和技能提升，提高教师的信息素养和教学能力，推动思政教学的创新和发展。

第五节　上海市某初中"互联网+思政"教学改革实践案例

一、背景介绍

随着信息技术的飞速发展，互联网已经渗透到社会的各个角落，教育领域也不例外。为了响应国家"互联网+教育"的战略部署，上海市某初中积极探索"互联网+思政"的教学模式，将传统的思政教育与互联网技术相结合，以提高学生的学习兴趣，拓展教学渠道，提升教学质量。

二、改革实践

（一）构建"互联网+思政"教学平台

该初中利用现有的信息技术资源，构建了一个"互联网+

思政教学与信息化教学融合实践

思政"的教学平台。该平台集成了丰富的思政教育资源，包括课件、视频、音频、图片等，同时提供了在线学习、交流互动、作业提交等功能。学生可以通过电脑、手机等终端设备随时随地访问平台，进行自主学习和互动交流。

（二）创新思政教学方式

在"互联网+思政"的教学模式下，该初中创新了多种教学方式。例如，利用 VR 技术，让学生身临其境地感受历史事件和社会现象；采用在线讨论的形式，让学生针对热点问题进行辩论和交流；开展在线主题班会，让学生自主策划和组织班会活动。这些创新的教学方式不仅提高了学生的学习兴趣，也增强了学生的参与感和归属感。

（三）拓展思政教学渠道

除了课堂教学外，该初中还积极拓展思政教学的渠道。通过微信公众号、微博等社交媒体平台，定期发布思政教育的文章和资讯，引导学生关注社会热点，思考人生价值。同时，还组织学生参加线上思政知识竞赛、主题征文等活动，让学生在参与中学习和成长。

（四）加强师资培训和技术支持

为了确保"互联网+思政"教学模式的顺利实施，该初中加强了师资培训和技术支持。定期邀请专家为教师进行信息技术和思政教学方面的培训，提高教师的专业素养和教学能力。同时，还配备了专业的技术人员，为教师和学生提供技术支持和服务。

三、成效与反思

（一）成效

经过一段时间的实践探索，该初中的"互联网+思政"教学改革取得了显著成效。学生的学习兴趣得到了提高，自主学习能力得到了增强；教师的教学方式得到了创新，教学质量得到了提升；学校的思政教育渠道得到了拓展，思政教育的实效性得到了增强。

（二）反思

在取得成效的同时，该初中也意识到了一些问题和不足。例如，部分学生对于互联网技术的使用还不够熟练，需要进一步加强培训；部分教师对于新技术的接受程度还不够高，需要进一步提高思想认识；教学平台的功能还需要进一步完善和优化，以满足不同学生的需求。针对这些问题和不足，该初中将继续加强师资培训和技术支持，完善教学平台的功能和服务，推动"互联网+思政"教学改革向纵深发展。

四、实践总结

上海市某初中的"互联网+思政"教学改革实践案例为我们提供了有益的借鉴和启示。在互联网时代，我们应该积极探索信息技术与教育教学的深度融合之路，以提高学生的学习兴趣和自主性，拓展教学渠道和方式，提升教学质量和实效性。同时，我们也需要不断反思和总结实践经验，不断完善和优化教学模式和方法，以适应时代的发展和学生的需求。

第六节　浙江省某中学"微课+思政"教学改革实践案例

一、案例背景

在信息化时代背景下，传统的思政课教学方式面临着诸多挑战。如何激发学生的学习兴趣，提高思政课的教学效果，成为浙江省中学思政教育改革的重要课题。近年来，浙江省部分中学积极探索"微课+思政"的教学改革模式，将短小精悍的微课视频与思政课教学内容相结合，有效提升了思政课的吸引力和实效性。本节将以某中学为例，详细阐述浙江省中学"微课+思政"教学改革实践案例。某中学作为浙江省的一所重点中学，历来重视思政课的教学工作。然而，在传统的教学模式下，思政课往往被视为枯燥无味的课程，学生缺乏学习兴趣，教学效果不尽如人意。为了改变这一现状，该中学在深入分析当前思政课教学问题的基础上，提出了"微课+思政"的教学改革思路，旨在通过微课视频的引入，激发学生的学习兴趣，提高思政课的教学效果。

二、实践过程

（一）微课设计与制作

该中学在微课设计与制作方面，注重将思政课的核心知识点与生动有趣的案例相结合，通过视频、动画、音频等多种形式，将抽象的理论知识具象化、形象化。微课视频时长控制在 5~10 分钟，短小精悍，便于学生在课余时间自主学习。同时，微课视频还配备了相应的练习题和案例分析，以帮助学生巩固所学知识，提高学习效果。

（二）微课平台搭建

为了方便学生随时随地学习思政课微课，该中学搭建了一个专门的微课平台。平台上不仅有丰富的微课视频资源，还提供了在线交流、互动问答等功能，为学生提供了一个自主学习、交流互动的空间。学生可以根据自己的学习进度和兴趣，选择适合自己的微课视频进行学习，并在平台上与其他同学和老师进行交流讨论，共同解决问题。

（三）课堂教学与微课相结合

在思政课的课堂教学中，该中学注重将微课视频与课堂教学相结合。教师在课前发布微课视频和相关学习资料，引导学生提前预习和了解课程内容。在课堂上，教师结合微课视频的内容进行深入的讲解和讨论，帮助学生更好地理解和掌握知识点。同时，教师还利用微课视频中的案例和实践活动，引导学生进行分析和思考，提高学生的思辨能力和实践能力。

（四）实践教学环节设计

为了增强思政课的教学效果，该中学还设计了实践教学环节。通过组织学生参观红色教育基地、开展社会实践活动等方式，让学生亲身感受革命先烈的英勇事迹和社会主义建设的伟大成就，加深对思政理论的理解和认识。同时，学校还鼓励学生将所学知识与实际问题相结合，开展创新性的实践活动，培养学生的创新能力和实践能力。

（五）教师培训与技术支持

为了确保"微课+思政"教学改革的顺利实施，该中学还加强了对教师的培训和技术支持。学校组织教师参加微课制作和思政课教学改革的培训活动，提高教师的微课制作能力和教学改革意识。同时，学校还提供了专业的技术支持和服务保障，确保微课平台的稳定运行和不断更新完善。

三、实践成效

（一）学生参与度提高

通过引入微课视频和搭建微课平台，该中学有效激发了学生的学习兴趣和参与度。学生可以在课余时间自主学习微课视频，并在平台上与其他同学和老师进行交流讨论。这种自主学习和互动交流的方式不仅提高了学生的学习效果，还增强了学生的学习动力和自信心。

（二）教学效果显著提升

通过微课视频与课堂教学相结合，以及实践教学环节的设计，该中学的思政课教学效果得到了显著提升。学生对思政理论的理解和认识更加深入和全面，思辨能力和实践能力也得到了提高。同时，学生的情感态度和价值观也得到了积极的影响和塑造。

（三）教育资源得到充分利用

通过搭建微课平台和提供在线交流互动功能，该中学使教育资源得到了充分利用。学生可以根据自己的学习进度和兴趣选择适合自己的微课视频进行学习，并在平台上与其他同学和老师进行交流讨论。这种教学方式不仅提高了教学效果，还促进了教育资源的共享和优化配置。

四、实践总结

综上所述，浙江省某中学在"微课+思政"教学改革实践中取得了显著成效。通过微课视频的引入和微课平台的搭建，该中学有效激发了学生的学习兴趣和参与度，提高了思政课的教学效果。同时，该中学还注重将微课视频与课堂教学相结合，以及实践教学环节的设计，进一步增强了思政课的教学效果。未来，该中学将继续深化"微课+思政"教学改革实践探索，不断完善教学体系和教学方法，提高思政课的教学质量和水平，同时也希望更多的中学能够加入"微课+思政"教学改革实践中来，共同推动思政教学的发展和创新。

第七章　总结与展望

第一节　总结

　　现代信息技术与思政课程的紧密结合，已经对教育方式产生了深远的影响。在思政课堂上，信息技术不再仅仅被视作一种辅助工具，而是被赋予了塑造教育价值的巨大潜力。它深入到教学核心理念和精神层面，从根本上触动了教育的本质，推动了教学结构、模式等各个层面的全面革新。这种深度融合不仅显著提高了思政课的育人效果，还有助于全面提升学生的综合素质，从而坚定社会主义核心价值观的根基。如今，越来越多的学校尝试将信息化教学与思政教学进行融合，为教师主导—学生主体模式的有效落实提供良好的条件，提高思政教学中教师和学生的互动性。随着教育改革的推进，在思政课程的实施中，教师不再仅仅依赖个人的教学经验来决定教学内容，而是借助科学的数据分析来精确地指导教学。然而，在思政信息化教学过程中，教师有时过于重视技术手段的运用，忽视了思政教学的核心目标。因此，教师在利用信息技术进行教学创新时，必须坚守教育的本真，强化和巩固思政教育指导理论，坚决落实教育方针政策，努力实现信息技术与思政教学的有机融合。另外，教师需要站在更高的视角，审视如何实现信息技术的教育价值与思政教学的价值、思想和精神的深度融合，从而达到促进人的全面发展的最终目标。展望未来，信息技术在教学中的作用将愈发重要。随着深度融合的理念和实践不断推进，我们有理由期待思政教学与信息技术的深度融合将带来更大的教育价值。

第二节　未来发展趋势

随着网络技术的快速发展，信息技术已经成为思政教学中不可缺少的一部分。思政教学与信息化教学融合，不但能够丰富教学内容，还能够增强思政教师与学生之间的互动，促进师生关系的和谐发展，进一步提升学生学习的积极性和主动性，提高思政教育的实效性。因此，在思政教学中应注重与信息化教学的融合，利用信息技术拓展学生的学习内容和学习方式，促进学生的全面发展。思政教学与信息化教学的融合在未来的发展趋势主要有下面几点。

一、以信息化大数据技术为基础，丰富拓展思政教育资源

大数据技术为思想政治理论课的教学提供了便利。教师可以利用大数据技术收集和分析学生在学习过程中的行为习惯和兴趣爱好等信息，以便更好地开展教学活动。教师也可以利用大数据技术分析学生在学习过程中产生的各类数据信息，并根据分析结论优化和调整教学方式，从而更好地开展教学活动。教师还可以利用大数据技术丰富思想政治理论课的教育资源，例如，教师可以在思想政治理论课课堂上引入相关视频资源、音频资源等，通过这些资源可以更好地帮助学生理解课程内容。此外，教师可以利用大数据技术来设计教学活动，以便提高学生的学习兴趣和参与度。

二、利用信息化大数据技术，实现"教"与"学"的深度融合

在教育信息化背景下，思政教师也要不断提升自身的信息技术能力，要善于利用信息技术来优化教学过程。在课堂教学过程中，教师可以通过大数据技术来掌握学生的学习情况，从而因材施教。教师也可以通过大数据技术来了解学生对课程的理解情况和反馈意见，从而促进课程教学目标的实现。教师还可以通过大数据技术来对学生的学习情况进行分析和总结，从而能够对学生提出的问题进行及时解答，帮助学生解决学习中

遇到的困难。因此，教师可以利用大数据技术来推动"教"与"学"的深度融合，从而实现思想政治理论课教学的目标。

三、创新信息化教学模式，实现教育资源的共享与优化

随着人工智能、大数据、云计算等技术的不断发展，思政教学与信息化教学的融合将呈现出更加多样化的教学模式。例如，通过人工智能技术，可以实现对学生学习行为的智能分析，为教师提供更加精准的教学建议；通过大数据技术，可以对学生的学习成果进行全面评估，为教学评价提供更加科学的依据。这些技术的应用将使得思政教学更加智能化、个性化，从而满足不同学生的学习需求。另外，通过信息技术驱动下的教学模式创新和互联网平台的利用，可以将优质的思政教育资源进行汇聚和分享，使更多学校和学生能够享受到高质量的教育资源。同时，通过对各学校优质教育资源的优化和整合，可以形成更加丰富、多样的教学内容，提高思政教学的吸引力和实效性。

四、建立信息化教学评价体系，拓展国际化视野的交流与合作

评价是教学的重要环节，也是教学的重要组成部分。在信息化背景下，进行思政教学评价时，也应该充分考虑信息化对

评价体系的影响。首先，应该改变传统评价模式，充分利用大数据技术建立科学合理的信息化教学评价体系。其次，应该对学生的学习情况进行跟踪调查，从而了解学生对信息化教学方式的接受情况。最后，教师在开展教学活动时应该及时记录学生的学习情况和行为习惯，并将其与传统教学方式进行对比，从而不断优化自己的教学方法。与此同时，随着全球化的不断深入，思政教学也需要具备国际化视野。通过与国外教育机构的交流与合作，可以引进国外先进的思政教学理念和方法，提高我国思政教学的水平和质量；而且也可以将我国的思政教学经验和成果推向国际舞台，增强我国在国际教育领域的影响力和话语权，推动思政教学的改革与发展，为中华民族伟大复兴培养更多具有正确世界观、人生观和价值观的新时代合格接班人。

第三节　对未来研究的建议

随着信息技术的迅猛发展，教育领域正经历着前所未有的变革。思政教学作为培养学生形成正确价值观、人生观和世界观的重要课程，与信息化教学的融合已成为教育改革的必然趋势。因此，将信息化教学融入思政教学中，不仅能够提升学生的学习体验，还能使教学内容更加生动、有趣，从而增强思政教学的吸引力和影响力。针对思政教学与信息化教学融合的未来研究方向，本书提出以下几点建议。

一、深化理论研究，明确融合路径

一是强化理论研究。针对思政教学与信息化教学融合的理论基础进行深入研究，明确二者的关系、融合的必要性和可能性，为实践提供理论支撑。二是探索融合路径。根据思政教学的特点，选择合适的信息化教学手段，构建思政教学与信息化教学融合的教学模式和路径。

二、加强技术应用，创新教学方法

一是应用新兴技术。关注 VR、AR、AI 等新技术在思政教学中的应用，探索其对学生学习兴趣、学习效果的影响。二是创新教学方法。利用信息化手段，创新思政教学的方法，如通过案例分析、角色扮演、互动讨论等方式，增强学生的学习参与度和体验感。

三、构建教学资源库，实现资源共享

一是整合教育资源。整合各类思政教育资源，包括教材、课件、视频、音频等，构建思政教学资源库，为师生提供丰富的教育资源。二是实现资源共享。通过云平台、在线课程等方式，实现思政教育资源的共享，促进不同地区、不同学校之间的教学交流与合作。

四、加强教师培训，提升教学能力

一是加强信息化教学能力培训。针对思政教师开展信息化教学能力培训，提升他们应用信息化手段进行教学的能力。二是培养跨学科教师。鼓励思政教师与信息技术教师、其他学科教师开展跨学科合作，共同开发与思政教学相关的信息化课程和资源。

五、关注学生需求，优化学习体验

一是关注学生需求。深入了解学生的学习需求和兴趣点，根据他们的特点和需求，设计符合他们认知规律的信息化教学手段和教学内容。二是优化学习体验。注重学生的学习体验，通过信息化手段为学生营造更加轻松、愉悦的学习氛围，提高学生的学习兴趣和积极性。

六、加强实践探索，总结推广经验

一是开展实践探索。鼓励学校、教师开展思政教学与信息化教学融合的实践探索，积累成功经验，形成可复制、可推广的教学模式和方法。二是总结推广经验。及时总结实践探索中的经验和教训，形成理论成果和实践案例，通过研讨会、培训班等方式进行推广和交流。

总之，思政教学与信息化教学融合是未来思政教学发展的重要方向。通过深化理论研究、加强技术应用、构建教学资源库、加强教师培训、关注学生需求、加强实践探索等方面的努力，可以推动思政教学与信息化教学的深度融合并取得更好的教学效果。

第四节　对未来研究的展望

思政教学作为学校教育的重要组成部分，其教学方法和手段也在不断创新与发展。信息化教学的引入，为思政教学带来了全新的视角和可能性，使得思政教学的内容更加丰富、形式更加多样、效果更加显著。目前，思政教学与信息化教学融合已经取得了一些初步的成果。许多学校开始尝试将信息化手段应用于思政教学中，如采用多媒体教学、网络教学、在线互动等方式，提高了学生的学习兴趣和参与度。同时，一些先进的信息技术，如大数据、人工智能等也开始在思政教学中得到应用，为思政教学提供了更加精准、个性化的教学支持。针对思政教学与信息化教学融合的展望，本书认为主要包括下面几点。一是未来的思政教学将呈现出更加多样化、个性化的教学模式。一方面，VR、AR 等沉浸式技术将为学生提供更加真实、生动的学习体验，使他们能够更加深入地了解历史事件、社会现象等。另一方面，AI 技术将能够根据学生的学习情况和需求，提供个性化的学习资源和路径规划，帮助学生更好地掌握知识、提高能力。二是未来的思政教学将更加注重跨学科的知识融合。通过将思政教学与人文、社会、自然等学科进行交叉融合，可以丰富思政教学的内容，拓宽学生的视野和思维。同时，跨学科融合的教学内容也能够更好地适应时代发展的需要，从而培养具有综合素质和创新精神的人才。三是未来的思政教学将更加注重线上线下的结合。线上教学可以突破时间和空间的限制，为学生提供更加灵活、便捷的学习方式，而线下教学则能够更加注重学生的情感体验和互动交流。因此，未来的思政教学将采用线上线下相结合的方式，让学生在享受便捷学习的同时，也能够获得更加真实、深入的学习体验。四是未来的思政教学将会更加注重数据驱动的教学优化。通过对学生的学习数据进行分析和挖掘，可以了解学生的学习情况和需求，为教师提供更加精准的教学支持。

　　总之，思政教学与信息化教学融合是未来思政教学发展的重要方向，也是教育改革的必然趋势。未来随着信息技术的不断发展和应用推广，思政教学与信息化教学的融合将更加深入和广泛，从而为培养具有高尚品德、创新精神和实践能力的人才提供有力支持。

参 考 文 献

[1] 李发亮.新时代中学思政课教师信息化教学能力的提升 [J].学园，2024，17（2）：16-18.

[2] 成卓异.数字赋能高校思政教育的机遇、困境与进路 [J].武汉船舶职业技术学院学报，2023，22（5）：32-36.

[3] 蔡坚.信息技术与思政课教学融合的问题及应对策略 [J].湖北开放职业学院学报，2023，36（15）：141-144.

[4] 李新荣.教育信息化背景下初中思政课教学优化的策略 [J].当代家庭教育，2023（14）：24-26.

[5] 杨婧.信息化背景下初中道德与法治智慧课堂教学模式初探 [C]//中国陶行知研究会.2023 年第六届生活教育学术论坛论文集.四川省遂宁涪江中学，2023：4.

[6] 周毛吉.核心素养下初中道德与法治课信息化教学探索 [J].知识文库，2023（11）：37-39.

[7] 孔令菲.数字化赋能中学思政课教学改革研究 [D].信阳：信阳师范学院，2023.

[8] 金芮.深化中学思政教学与信息技术的融合发展 [J].教育实践与研究（B），2023（4）：43-46.

[9] 郭常斌.核心素养下初中道德与法治信息化教学的实

践研究［J］.中学政史地（教学指导），2023（3）：5-10.

［10］樊佳玥.初中思想政治课智慧教学的问题及对策研究［D］.重庆：西南大学，2023.

［11］吴娜.思政教学与信息技术深度融合的对策研究［J］.产业与科技论坛，2022，21（19）：199-201.

［12］张磊.初中思政教学策略探讨［J］.中学课程辅导，2022（17）：54-56.

［13］李婷婷.初中思政课教师教学信息素养有效提升研究［D］.信阳：信阳师范学院，2022.

［14］张苗苗.中学思政课教师智慧教学平台应用研究［D］.上海：华东师范大学，2022.

［15］黄文进.信息技术与中学思想政治课教学的深度融合研究［D］.长沙：湖南师范大学，2021.

［16］葛玉良.信息化背景下初中道德与法治学科核心素养教学方法探讨［J］.考试周刊，2020（94）：115-116.

［17］刘洋.中学思想政治课信息化教学研究［D］.天水：天水师范学院，2020.

［18］邵建民.新时代背景下关于初中思政课教学的几点思考［J］.天津教育，2020（14）：65-66.

［19］周旭忠.适应新时代背景下的初中思政教学策略探究［J］.考试周刊，2020（24）：149-150.

［20］李永芳.探究信息技术在初中思政教学中的应用［J］.电脑校园，2020（12）：773-774.

［21］蔡孝娟.融合信息技术教学赋予思政课堂活力［J］.中学课程资源，2023，19（5）：26-28.

[22] 林世生. 探讨混合学习环境下信息技术 2.0 在思政学科教学的适切应用 [J]. 新课程导学, 2023 (21): 57-60.

[23] 王新敏. 论信息技术在初中道德与法治课中的运用 [J]. 华夏教师, 2020 (12): 93-94.

[24] 魏世雄. 信息化条件下初中道德与法治教学策略探究 [J]. 文渊 (中学版), 2020 (5): 715.

[25] 朱晓颖. 初中《道德与法治》课教学中学生信息素养培养研究 [D]. 扬州: 扬州大学, 2020.

[26] 姜会会. 智慧课堂场景中初中道德与法治课体验式教学研究 [D]. 芜湖: 安徽师范大学, 2022.

[27] 倪雪. 翻转课堂在初中《道德与法治》教学运用中面临的挑战及优化策略研究 [D]. 武汉: 华中师范大学, 2022.

[28] 吴秋兰. 初中道德与法治课智慧课堂教学应用研究 [D]. 漳州: 闽南师范大学, 2021.

[29] 李璐帆. 信息技术与初中思想品德课程整合实践探究 [D]. 西宁: 青海师范大学, 2019.

[30] 刘泽章. 新课标背景下运用信息技术构建初中道德与法治高效课堂的方法探究 [J]. 文渊 (中学版), 2023 (3): 61-63.

[31] 赵建波. 思想政治教育数字化转型的内涵要义、现实挑战及实践策略 [J]. 思想理论教育, 2023 (3): 85-90.

[32] 朱石平. 互联网时代思政课教学改革路径探析 [J]. 中学政治教学参考, 2022 (39): 108.

[33] 熊建生, 郭榆. 新时代思想政治教育内容建设的新

要求 [J]．思想理论教育，2022（3）：59-65.

[34] 王丹．信息技术与高校思政课教学深度融合问题研究 [D]．上海：上海师范大学，2019.

[35] 田景珍．信息化视角下初中道德与法治教学策略 [J]．新课程（下），2019（12）：166.

[36] 王娜．信息化背景下提升高校思政教育教学质量研究 [J]．食品研究与开发，2023，44（4）：240.

[37] 王薇．教育信息化2.0背景下信息技术与高中思政教学整合的实践探讨 [J]．课堂内外（高中教研），2023（4）：4-6.

[38] 贺蝶．教育信息化背景下高校思政课教学改革路径探析 [J]．教师，2023（15）：3-5.

[39] 相婷婷，张露．教育信息化视阈下高校思政课教学改革与创新 [J]．湖北开放职业学院学报，2023，36（4）：22-23+35.

[40] 邓裕芬．信息化背景下高职思政教育教学模式创新应用研究 [J]．科学咨询（科技·管理），2022（5）：157-159.

[41] 陈玲俐．教育信息化背景下高中思政课教学面临的机遇、挑战及对策 [J]．教师教育论坛，2021，34（10）：58-59.

[42] 吴芳．教育信息化视阈下提升高校思政教育教学实效性研究 [J]．人文之友，2019（16）：137.

[43] 赵芮．信息化背景下提升思政教育教学质量的思考 [J]．百科论坛电子杂志，2022（22）：202-204.

[44] Halim A A, Mun H S, Mahani M, et al. Does The Use Of Smart Board Increase Students' Higher Order Thinking Skills (HOTS)? [J] . IEEE ACCESS, 2021, 91833-1854.

[45] Al-Fraihat D, Joy M, Masa'deh R, et al. Evaluating E-learning systems success: An Empirical study [J] . Computers In Human Behavior, 2020, 0267-86.

[46] Caughell L . Teaching Students to Hear The Other Side: Using Web Design And Election Events to Build Empathy in the Political Science Classroom [J] . Ps: Political Science & Politics, 2018, 51 (3): 659-663.

后　记

随着科技的飞速发展，信息化教学已经成为教育发展的一大趋势。而将这一趋势与思政教学相结合，不仅是一次勇敢的尝试，更是一次深刻的教育变革。在《思政教学与信息化教学融合实践》这部专著的过程中，我深感责任重大，同时也为能够参与这一变革而感到无比荣幸。

回顾整个创作过程，从最初的选题、资料收集，到深入实践、案例分析，再到最后的撰写、修改，每一步都充满了挑战与收获。

在选题阶段，我深刻感受到了信息化教学与思政教学融合的紧迫性和重要性。随着信息技术的普及，如何将这些先进技术应用于思政教学，提高教学效果，培养学生的综合素质，成为我思考的核心问题。

在资料收集过程中，我广泛阅读了国内外相关文献，深入了解了信息化教学的理论基础和实践经验。同时，我还走访了多所中学，与多名思政教师进行了深入的交流和探讨，收集了大量的第一手资料。这些资料不仅为我提供了丰富的素材，更激发了我对思政教学与信息化教学融合实践的深入思考。

在实践阶段，我积极参与多个思政信息化教学项目的设计与实施，深刻体会到了信息化教学在思政课堂上的巨大潜力。通过运用多媒体技术、网络技术等信息化手段，我们可以更加生动、直观地展示教学内容，激发学生的学习兴趣和主动性。同时，信息化教学还为我们提供了更加便捷、高效的师生互动方式，使得思政教学更加贴近学生的生活实际和思想需求。

在案例分析阶段，我选取了大量具有代表性的思政信息化教学案例进行深入剖析。这些案例不仅展示了信息化教学在思政课堂上的具体应用效果，还为我们的教学工作提供了宝贵的经验和教训。通过对比分析，我更加清晰地认识到了思政教学与信息化教学融合实践中的优势和不足，为后续的撰写工作提供了有力的支撑。

在撰写过程中，我力求做到条理清晰、逻辑严密、语言流畅。同时，我还注重将理论与实践相结合，通过具体案例来阐述信息化教学在思政教学中的具体应用和效果。在修改过程中，我广泛征求了专家学者的意见和建议，对专著进行了多次修改和完善，确保了专著的质量和水平。

在完成这部专著的过程中，我深刻感受到了教育变革的力量和魅力。思政教学与信息化教学的融合实践不仅是一次技术的革新，更是一次教育理念的转变。它要求我们在教学过程中更加关注学生的主体地位和个性化需求，更加注重培养学生的综合素质和创新能力。同时，它还要求我们在教学过程中不断探索和创新教学方法和手段，以适应时代发展的需求。

展望未来，我坚信思政教学与信息化教学的深度融合实践会迎来更加广阔的发展前景。随着信息技术的不断进步和教育改革的深入推进，我们有理由相信，未来的思政教学会更加生动、有趣、高效。而作为一名思政教育工作者，我将继续致力于这一领域的探索和实践，为推动教育事业的进步和发展贡献自己的力量。

最后，我要感谢所有在创作过程中给予我支持和帮助的人。感谢我的导师、家人、朋友和同事们的鼓励和支持；感谢专家学者们的悉心指导和宝贵建议。正是有了你们的支持和帮助，我才能够顺利完成这部专著的创作工作。

在未来的日子里，我将继续前行，不断探索和创新，为教育事业的发展贡献自己的力量。同时，我也期待与更多的同仁们一起携手共进，共同推动思政教学与信息化教学的融合实践走向更加美好的明天。

王凯敏
2024 年 6 月